सर्जना पथ के सहयात्री

लेखक की कृतियाँ

कहानी-संग्रह

परिन्दे (1959), जलती झाड़ी (1965), पिछली गर्मियों में (1968), बीच बहस में (1973), कव्वे और काला पानी (1983), प्रतिनिधि कहानियाँ (1988), सूखा तथा अन्य कहानियाँ (1995), थिगलियाँ (2024)

उपन्यास

वे दिन (1964), लाल टीन की छत (1974), एक चिथड़ा सुख (1979), रात का रिपोर्टर (1989), अन्तिम अरण्य (2000)

यात्रा-संस्मरण/डायरी

चीड़ों पर चाँदनी (1963), हर बारिश में (1970), धुंध से उठती धुन (1997)

निबन्ध/व्याख्यान

शब्द और स्मृति (1976), कला का जोखिम (1981), ढलान से उतरते हुए (1985), भारत और यूरोप : प्रतिश्रुति के क्षेत्र (1991), इतिहास स्मृति आकांक्षा (1991), शताब्दी के ढलते वर्षों में (संचयन, 1995), दूसरे शब्दों में (1997), आदि, अन्त और आरम्भ (2001), साहित्य का आत्म-सत्य (2006), सर्जना पथ के सहयात्री (2006)

नाटक

तीन एकान्त (1976)

अनुवाद

पराजय : अलेक्सांद्र फेदेयेव (1954), बचपन : टॉल्स्टॉय (1954), कुप्रिन की कहानियाँ : अलेक्सांद्र कुप्रिन (1955), रोमियो जूलियट और अँधेरा : यान ओत्चानाशेक (1964), खेल-खेल में : चेक कहानियाँ (1966), इतने बड़े धब्बे : चेक कहानियाँ (1966), झोंपड़ीवाले और अन्य कहानियाँ : मिहाइल सदौवेन्यु (1966), कारेल चापेक की कहानियाँ (1966), बाहर और परे : इर्षी फ्रीड (1967), आर.यू.आर. : कारेल चापेक (1972), एमेके : एक गाथा : जोसेफ़ श्कवोरेस्की (1973)

पत्र

प्रिय राम, प्रिय निर्मल (2006), देहरी पर पत्र (2009), चिट्ठियों के दिन (2009)

साक्षात्कार

संसार में निर्मल वर्मा (2006)

संचयन

दूसरी दुनिया (1978)

सर्जना पथ के सहयात्री

लेखकों और कलाकारों पर केन्द्रित

निर्मल वर्मा

राजकमल प्रकाशन

पहली बार **राजकमल** से 2006 में प्रकाशित

ISBN : 978-93-6086-125-4

मूल्य : ₹795

पुनर्नवा संस्करण : मई, 2024

प्रकाशक : राजकमल प्रकाशन प्रा. लि.
1-बी, नेताजी सुभाष मार्ग, दरियागंज
नई दिल्ली-110 002

शाखाएँ : अशोक राजपथ, साइंस कॉलेज के सामने, पटना-800 006
पहली मंजिल, दरबारी बिल्डिंग, महात्मा गांधी मार्ग, प्रयागराज-211 001
1, अनमोल सोराबजी सन्तुक लेन, धोबी तलाव, मरीन लाइंस, मुम्बई-400 002
वेबसाइट : www.rajkamalprakashan.com
ई-मेल : info@rajkamalprakashan.com

मुद्रक : विकास कंप्यूटर एंड प्रिंटर्स
ट्रॉनिका सिटी-201 102

SARJANA PATH KE SAHYATRI
Essays by Nirmal Verma

मनुष्य की आत्मचेतना जितनी अधिक बढ़ती जाती है, उतना ही वह अपने को दुनिया से अलग पाता है...।

We come to late for gods and too early for being.

—हाइडेगर

क्रम

भूमिका

मैं समय-समय पर अपने प्रिय लेखकों-कलाकारों पर लिखता रहा हूँ। आलोचना की लगी-बँधी खूँटी से अपने को छुड़ाकर—इन लेखों में मैंने अपने को आत्मीय प्रतिक्रियाओं के प्रवाह में मुक्त बहने दिया है। अब तक ये लेख मेरी निबन्ध-पुस्तकों में बिखरे पड़े थे। उन्हें एक जिल्द में एकत्रित करने के पीछे यदि कोई आकांक्षा थी, तो सिर्फ़ यह कि उन पर पाठकों का ध्यान एकाग्र रूप से अवस्थित हो सके।

साहित्य के बाद चित्रकला और सिनेमा के 'स्वप्निल यथार्थ' को मैं अपने सबसे निकट पाता रहा हूँ। अत: जब हुसेन साहब ने मुझसे जानना चाहा कि क्या मैं उनकी आत्मजीवनी की भूमिका लिखना चाहूँगा, तो मैंने बहुत ख़ुशी से उनका प्रस्ताव स्वीकार कर लिया। स्वयं उनकी जीवनी हिन्दी में पढ़ना मेरे लिए एक असाधारण अनुभव था। उसी तरह कुछ वर्ष पूर्व जब रामकुमार के चित्रों की एक एकल पुनरावलोकन प्रदर्शनी वढेरा आर्ट गैलरी में हुई थी, तब मुझे एक ऐसे चित्रकार के काम पर

लिखने का दुर्लभ अवसर मिला, जिसकी सृजन-यात्रा के विभिन्न पड़ावों का मैं साक्षी रहा था।

मुझे इस बात का दुःख है कि मैं आत्मीय मित्र स्वामीनाथन् पर अधिक विस्तार से नहीं लिख सका। यदि मुझे मौक़ा मिला, तो मैं अकबर पदमसी, नसरीन मुहम्मदी और गायतोंडे के कृतित्व के बारे में भी लिखना चाहूँगा। वे बरसों से मेरे प्रिय चित्रकार रहे हैं, और उनके काम को बहुत निकट से देखने का अवसर मिला है। ख़ुद अपने लेखन में मैंने उनकी पवित्र सादगी, गहन चिन्तनपरक अन्तर्दृष्टि और कठोर संयमित ऋजुता से बहुत कुछ सीखा है। शायद उनके प्रति अपना ऋण चुकाने का कभी सौभाग्य मिले।

—निर्मल वर्मा

नई दिल्ली
15 सितम्बर, 2005

प्रेमचन्द की उपस्थिति

प्रेमचन्द की मृत्यु को चार दशक से अधिक बीत चुके हैं। हर दशक के कथाकारों ने उन्हें अपनी-अपनी कसौटी पर परखा है, स्वीकारा है या अस्वीकारा है। ऐसे समकालीन लेखक भी हैं, जिन्हें शायद प्रेमचन्द का नाम ही निरर्थक जान पड़े—क्योंकि उनकी सृजन-यात्रा में वह उन्हें किसी भी रूप में प्रासंगिक नहीं जान पड़ते; किन्तु ऐसे कथाकारों की रचनाओं में भी हमें प्रेमचन्द की अदृश्य छाया मिल जाती है। एक क्लासिक लेखक की यह अद्‌भुत विशेषता है कि हम उसके आविष्कारों को बिना उसके प्रति आभारी महसूस हुए भी अपना लेते हैं—शायद सबसे गहरा प्रभाव वह होता है, जब हम यह तक भूल जाएँ कि इस प्रभाव को हमने कहाँ से, किस स्रोत से प्राप्त किया है। हम अपनी स्वतंत्रता में एक ऐसी परम्परा का अनुकरण करते हैं, जो हर जगह है और किसी जगह दिखाई नहीं देती। क्या आज भी प्रेमचन्द हमारे बीच अदृश्य-रूप से उपस्थित हैं? मैं आपका ध्यान इस प्रश्न की ओर

आकर्षित करना चाहूँगा और यह भी कि एक लेखक की उपस्थिति से हमारा क्या अभिप्राय है।

यहाँ सबसे पहले मैं उस भ्रान्ति की ओर संकेत करना चाहूँगा, जिसे एक अरसे से हमारे आलोचकों ने पोषित किया है—वह है किसी लेखक की उपस्थिति या प्रभाव को उसके विचारों या विश्वासों में खोजना, जबकि सत्य यह है कि साहित्य में किसी लेखक के विश्वास उसकी रचनाओं से अलग कोई हैसियत नहीं रखते। मैंने जानबूझकर 'साहित्य में' कहा है, क्योंकि उसके बाहर उसके विश्वासों का अवश्य महत्त्व होता है, लेकिन बाहर भी अलग से उनके बारे में हमारी जिज्ञासा नहीं जाग पाती, यदि पहले से ही हम उसकी रचनाओं में एक विशिष्ट यथार्थ से साक्षात्कार नहीं कर पाते। शायद मैं अपनी बात को उलझाकर कह रहा हूँ, वास्तव में बात बहुत सरल है—यदि आज हम अपने बीच प्रेमचन्द की उपस्थिति महसूस करते हैं—तो उनके प्रगतिशील विचारों या यथार्थवादी आदर्शों (या आदर्शवादी यथार्थ—आप जो भी कहना चाहें) के कारण नहीं—बल्कि उनकी रचनाओं में निहित मनुष्य, एक भारतीय मनुष्य की मानसिक बनावट के कारण, जिसे पगने, फूलने में सैकड़ों वर्ष लगे थे—एक स्थिर व्यक्तित्व का चेहरा, जिसका दर्शन हमें पहली बार उनकी कहानियों-उपन्यासों में हुआ था। एक चेहरे का सत्य नहीं, बल्कि ऐसे सत्य का चेहरा, जिसे उन्होंने शहरी, ग्रामीण, क़स्बाती चेहरों के बीच गढ़ा था—औपनिवेशिक स्थिति में रहनेवाले एक हिन्दुस्तानी की आर्कीटाइप छवि जो उनसे पहले हमारे साहित्य में नहीं थी। किन्तु इससे ज़्यादा महत्त्वपूर्ण बात यह है कि प्रेमचन्द के बाद के कहानीकारों के लिए भी वह छवि अपनी उड़ानों के लिए एक स्थायी आधार-बिन्दु, एक ज़मीन, एक तरह की 'बेस-कैम्प' बन गई थी। इस कैम्प के ऊपर जाते हुए अनेक लेखक-पर्वतारोही अपने भीतर प्रेमचन्दीय संसार की तसवीरें अपने साथ ले गए थे; यात्रा के दौरान इन तसवीरों में अनेक

मोड़-सलवटें, विकार और विकृतियाँ दिखाई दी थीं—बड़े घर की बेटियाँ अकेली पड़ती गईं, पंच-परमेश्वर की जगह नक़ली 'जूडास' आ विराजे, बेकारी और बेरोज़गारी के दिनों में बड़े भाई साहब का उत्साह इतना मन्द पड़ गया कि अपने छोटे भाई के साथ गुल्ली-डंडा खेल सकें; प्रेमचन्द का विश्वास कि एक भारतीय मनुष्य—वह किसान हो या एक निम्न-मध्यवर्गीय क़स्बाती अर्द्धशिक्षित क्लर्क या कर्मचारी—अपनी पुरानी खोई हुई ख़ुशी को खोज सकता है—वह बाद के वर्षों में धीरे-धीरे एक मरीचिका-सा बनता गया। यह एक भारतीय लिबरल बुद्धिजीवी की मरीचिका थी, जिसकी झलक पहली बार बीसवीं शती के शुरू में दिखाई दी थी। हमें हैरानी होगी कि प्रेमचन्द ही नहीं, भारत के अनेक शहरी बुद्धिजीवी—जिनमें स्वयं गांधीजी शामिल थे—(उनके 'हिन्द स्वराज' के बावजूद) एक समय में भारतीय समाज की मुक्ति बाहर के दुश्मनों से छुटकारा पाने में खोजते थे—वह चाहे गांधी की आँखों में विदेशी सत्ता हो, या प्रेमचन्द की आँखों में समाज की कुरीतियाँ और अन्धविश्वास हों; आशा यह थी कि एक बार इनसे छुटकारा पाने के बाद हम दैन्य और दरिद्रता के आँसू भारतीय चेहरे से पोंछ सकेंगे। यह कुछ वैसा ही भ्रम था, जैसे कोई बीमार आदमी यह सोचे कि उसके रोग का कारण उसके मैले-कुचैले कपड़ों से जुड़ा है—एक बार हिम्मत जुटाकर वह अपने चीथड़ों को उतार फेंके और तब अचानक पहली बार देखे कि समूची देह कोढ़ के ज़ख़्मों से अटी है; रोग कपड़ों में नहीं था, उलटे उन्होंने ही रोग को अपने भीतर छिपा रखा था। वे सिर्फ़ बाहर से ही 'दुश्मन' प्रतीत होते थे, भीतर का दुश्मन कहीं और बैठा था।

भीतर का दुश्मन? आपमें से कुछ लोग सोचेंगे कि मैं आपको किसी टेढ़े-मेढ़े रास्ते से अस्तित्ववादी दर्शन की ओर ले जा रहा हूँ; कुछ दूसरे प्रबुद्ध, आधुनिक लोगों को शायद लगेगा कि मैं किसी भीतरी 'पाप' की ओर संकेत कर रहा हूँ, जिसका उल्लेख अक्सर हमें पश्चिम

के अस्तित्ववादी कैथोलिक लेखकों में मिलता है, किन्तु यदि आपको मेरी बात से कर्म की ज़िम्मेदारी और पाप की जवाबदेही का हल्का-सा अहसास हो जाता है, तो मेरे लिए यह काफ़ी है। आपको शायद यह भी महसूस होगा कि इन मुहावरों में कुछ शब्द आपके जाने-पहचाने हैं, कर्म, पाप आदि; हम चाहे इनका दार्शनिक अर्थ ठीक-ठीक न समझें, तो भी एक भारतीय किसान से लेकर एक करोड़पति भी इन शब्दों में कहीं-न-कहीं अपने संस्कारों की झलक पाता है; लेकिन ज़िम्मेदारी? जवाबदेही? इन शब्दों को पढ़कर हम तुरन्त भड़क भी न जाएँ, तो भी कुछ परेशानी में पड़ जाते हैं; क्या इनसे 'विदेशी दर्शनों' की बू नहीं आती? यदि अपने कर्मों के कारण कोई ग़रीब भूखा रहता है, तो उसके प्रति हमारी जवाबदेही का क्या मतलब? कहने की ज़रूरत नहीं, मैं इन विश्वासों को कुछ ज़्यादा ही सरलीकृत ढंग से—एक पैरोडी की तरह प्रस्तुत कर रहा हूँ; लेकिन इससे शायद कोई इनकार नहीं करेगा, कि जाने-अनजाने हम भारतीय अक्सर इन तर्कों की आड़ में अपने कर्मों की ज़िम्मेदारी से हाथ धो लेते हैं, लेकिन यदि हमारी जीवन-प्रणाली में 'ज़िम्मेदारी' का स्थान नहीं, या बहुत नगण्य है, तो फिर स्वाभाविक प्रश्न उठता है—उसमें नैतिकता का स्थान कहाँ है? दूसरे शब्दों में—क्या बिना 'दायित्व-बोध' के नैतिकता की चर्चा करना अपने में एक गहरा विरोधाभास नहीं है, जिसके रहते भारतीय-मनीषा में शताब्दियों से ऊपर से नीचे तक एक काली दरार आ पड़ी है? क्या प्रेमचन्द ने भारतीय आत्मा के बीच खिंची इसी खाई, खाई के अँधेरे और इस अँधेरे में पनपनेवाले अन्तर्विरोधों को देखा था?

अब आप पाएँगे कि यह प्रश्न एक तरफ़ 'अस्तित्व' का प्रश्न है, दूसरी तरफ़ संस्कृति का। यह सही है कि हम अपनी सांस्कृतिक अस्मिता के प्रश्न को केवल अपने समय के तक़ाज़ों के सन्दर्भ में ही परिभाषित कर सकते हैं—लेकिन ख़ुद समय के तक़ाज़ों के झूठ-सच को समझने

के लिए हमारे पास केवल अपने अस्तित्व के अलावा कोई दूसरी कसौटी नहीं है। मुझे इस प्रश्न में ज़्यादा दिलचस्पी नहीं है कि प्रेमचन्द कितने 'आधुनिक' थे, किन्तु यदि आधुनिकता का मतलब अपने समय में अपने को परिभाषित करना है, तो अनिवार्यत: हमें इतिहास द्वारा खींची उस दरार या खाई का सामना करना पड़ेगा जो भारतीय चरित्र और मनीषा में पिछले दो सौ वर्षों से गहरी होती गई है। अन्तत: क्या आधुनिक सन्दर्भ में प्रेमचन्द की प्रासंगिकता-अप्रासंगिकता की समस्या इसी प्रश्न के साथ नहीं जुड़ी है? प्रेमचन्द मनुष्य की बुनियादी अच्छाई में विश्वास करते थे—एक सुशिक्षित भारतीय लिबरल का आशावादी दृष्टिकोण उन्होंने अपने जीवन में सहज रूप से अपनाया था। लेकिन यह दृष्टिकोण एक उच्चवर्गीय यूरोपीय शिक्षित हिन्दुस्तानी से काफ़ी अलग था—भारतीय किसान के सहज जीवन की अन्तरंग समझ और सहानुभूति के बल पर 'अच्छाई' की एक परिभाषा बनी थी, जो सीधे-सीधे एक भारतीय मनुष्य के 'धर्म' से जुड़ी थी। यहाँ मैं धर्म शब्द का प्रयोग ठेठ भारतीय संस्कारों के सन्दर्भ में कर रहा हूँ, आध्यात्मिक आस्था के अर्थ में नहीं बल्कि दायित्व-बोध के अर्थ में—जहाँ हर व्यक्ति अपने सामाजिक, पारिवारिक रिश्तों के परिवेश में अपनी जगह पहचानता है और उसमें रहकर ही अपनी सुविधा, सुरक्षा और अस्मिता महसूस करता है, जिसे हम शुरू रूप में—आत्म-स्वाभिमान (sense of honour) मान सकते हैं। एक ज़मींदार का ऑनर किसानों के प्रति उसके दायित्व में उतना ही निहित है, जितना एक ऋणी किसान का ऑनर इसमें है कि वह भूखे रहकर भी अपनी सात पीढ़ियों तक महाजन का ऋण चुकाने में जुटा रहे। पंच की गद्दी के प्रति वफ़ादार रहकर जिस तरह एक साधारण मनुष्य परमेश्वर बन जाता है, उसी तरह जीवन के हर क्षेत्र में अपनी जगह—चाहे वह 'जगह' वर्ण-व्यवस्था में ही निहित क्यों न हो—के प्रति निष्ठा रखने में ही मनुष्य का देवत्व छिपा रहता है। मनुष्य की जवाबदेही यहाँ भी है—

इसलिए मनुष्य की पीड़ा उन विवशताओं से उत्पन्न नहीं हुई—वह एक 'दी हुई' पूर्व-निर्धारित ज़िम्मेदारी है—समाज के प्रति, जाति के प्रति, परिवार के प्रति—इसलिए मनुष्य की पीड़ा उन विवशताओं से उत्पन्न होती है, जो उसे अपनी बुनियादी 'अच्छाई' से स्खलित करती है—उसे अपनी परम्परागत जगह से उन्मूलित करती है। प्रेमचन्द अपने अधिकांश लेखन में कभी इस अच्छाई पर शंका नहीं प्रकट करते, क्योंकि उस पर शंका करने का मतलब होगा, एक हिन्दुस्तानी के व्यावहारिक धर्म और दायित्वों पर शंका प्रकट करना। वह यदि अपनी आरम्भिक कहानियों और उपन्यासों में समाज-सुधार की बात करते हैं, तो इसलिए नहीं कि उन सुधारों के कारण मनुष्य सामन्तवादी रिश्तों के भीतर एक स्वतंत्र, गरिमापूर्ण सत्ता उपलब्ध करेगा—बल्कि इसलिए कि वह इन रिश्तों के भीतर पुन: अपने धर्म और दायित्व को निर्विघ्न सम्पन्न करने की सुविधा पा सकेगा। उन्हें मनुष्य के सामाजिक रिश्तों में अदम्य विश्वास था—व्यक्ति उन्हीं के भीतर अपना धर्म निभा सकता है; किन्तु वह 'धर्म' स्वयं मनुष्य की निजी, वैयक्तिक आकांक्षाओं, इच्छाओं, अभिलाषाओं के रास्ते में बाधा बन सकता है—इसकी पीड़ा और विवशता को वह अपनी आरम्भिक रचनाओं में अधिक नहीं देख पाते थे। इसलिए उनमें एक सरलीकृत क़िस्म के सुधार का आदर्श छिपा था, जिसका रिश्ता समूचे भारतीय-समाज की बीहड़ आत्म-उन्मूलन की व्यथा से नहीं बैठ पाता था। यदि ये आरम्भिक उपन्यास कमज़ोर हैं, तो इसलिए नहीं कि उनके आदर्श में कोई खोट है, बल्कि असली कमज़ोरी इसमें है कि उन लिबरल, सुधारवादी आदर्शों का भारतीय यथार्थ की कटु विभीषिका से कोई लेना-देना नहीं था। यह विभीषिका क्या थी?

यह एक ऐतिहासिक सत्य है कि पिछले डेढ़ सौ वर्षों के अंग्रेज़ी राज ने युग-युग से चली आती किसानों की आत्म-निर्धारित मर्यादाओं, रिश्तों, ख़ुद सामन्तवादी समाज के भीतर इन रिश्तों को जोड़नेवाली धार्मिक

कड़ियों को छिन्न-भिन्न कर डाला था। यदि एक व्यवस्था किसान और उसकी ज़मीन के बीच शाश्वत, पवित्र रिश्ते को भंग कर देती है (जैसा कि अंग्रेज़ों की भूमि सम्बन्धी व्यवस्था—ज़मींदारी व्यवस्था ने किया था) तो किसान के तमाम दूसरे रिश्ते भी एक सिरे से दूसरे सिरे तक विकृत हो जाते हैं। प्रेमचन्द इस विकृति को देख पाते थे—किन्तु स्वयं यह 'सामाजिक विकृति' एक भारतीय किसान की आत्मा के भीतर अँधेरी दरार खींच सकती है...इस ओर यदि उनका ध्यान और अन्तर्दृष्टि जा पाती, तो वह भारतीय किसान का चित्रण उतनी ही सम्पूर्णता और संवेदना के साथ कर पाते, जैसा उन्नीसवीं शती में टॉल्स्टॉय ने रूसी 'मूज़िक' (ग़रीब किसान) की अभिशप्त आत्मा को अपने लेखन में दर्शाया था। टॉल्स्टॉय के बारे में कहा जाता है कि पहली बार उनके उपन्यासों में रूसी किसान के दर्शन होते हैं। प्रेमचन्द के उपन्यास में भी पहली बार किसान के दर्शन होते हैं किन्तु वह 'औपनिवेशिक किसान' था, उसके नीचे दबे भारतीय किसान का मूल चरित्र संस्कृति, धार्मिक आस्था (जो 'व्यावहारिक धर्म' से अलग है), मनुष्य, प्रकृति और ईश्वर के बारे में उसके परम्परागत विश्वास—उनके सृजन की रोशनी में ऊपर नहीं आते। प्रेमचन्द ने भारतीय किसानों की 'ऐतिहासिक विकृति' को देखा था—किन्तु उस चीज़ का मूल सांस्कृतिक टेक्स्चर अपने ग़ैर-ऐतिहासिक रूप में क्या था—जो विकृत हुआ था, उसकी अन्तर्दृष्टि प्रेमचन्द में नहीं मिलती। प्रेमचन्द अक्सर उस पक्ष को अनदेखा कर देते हैं, जिसमें भारतीय किसान की सांस्कृतिक विरासत छिपी थी—यह विरासत उसके व्यावहारिक, सामाजिक 'धर्म' से कहीं ज़्यादा गहरी और महत्त्वपूर्ण थी—एक शब्द में कहें—तो उसकी आध्यात्मिक विरासत। अंग्रेज़ी राज ने इस विरासत को जिस तरह आहत किया था, उसकी पीड़ा का आयाम प्रेमचन्द के उपन्यासों में नहीं दिखाई देता—इसीलिए उनके लेखन में उन्नीसवीं शती के रूसी उपन्यासकारों का 'आध्यात्मिक अन्तर्द्वंद्व' नहीं मिलता,

जो सामाजिक यथार्थ से उत्पन्न होकर ही महज़ 'सामाजिकता' में नहीं चुक जाता। इस दृष्टि से प्रेमचन्द सच्चे और बुरे अर्थों में 'तीसरी दुनिया' के लेखक थे, यह उनकी 'ऐतिहासिक उपलब्धि' और कलात्मक सीमा थी—सीमा इसलिए, क्योंकि कला में हर लेखक की दुनिया पहली दुनिया होती है—ख़ास कर एक भारतीय लेखक के लिए—जिसका अतीत, परम्परा और जीवनदृष्टि—बाक़ी दुनियाओं से मूलतः भिन्न रहे हैं। इतिहास का यह धर्म है कि वह हर देश को किसी-न-किसी दुनिया के कठघरे में खड़ा कर सके; कलाकार का धर्म है कि वह हर कठघरे से मुक्ति पाकर अपनी प्राथमिक और मौलिक दुनिया में प्रवेश करने का साहस जुटा सके।

यह साहस—कहना न होगा—उन्नीसवीं शती के अन्तिम चरण में विवेकानन्द ने जुटाया था; स्वयं प्रेमचन्द के समकालीन गांधी ने बड़ी सतर्कता से औपनिवेशिक दबावों और विकृतियों को भारतीय जीवन की मूलधारा और विकृति के सन्दर्भ में विश्लेषित करने का प्रयत्न किया था। ये लोग—ख़ास कर गांधीजी—चूँकि पश्चिमी संस्कृति के आलोचक थे, उन मार्क्सवादियों से बहुत अलग थे, जो एक तरफ़ औपनिवेशिकता की निन्दा करते थे, दूसरी तरफ़ पश्चिम के विज्ञान और औद्योगिक शक्तियों को भारत जैसे पिछड़े समाज में प्रगति का सूचक भी मानते थे। मैं आपका ध्यान 1930 के आसपास के ज़माने की ओर आकृष्ट करना चाहूँगा, जब उन्नीसवीं शती के बंगाल रेनासाँ के बाद पहली बार भारतीय बौद्धिक-संसार में एक बार नये सिरे से सिद्धान्तों, आदर्शों और मतों में मुठभेड़ हुई थी—यह वह समय था, जब भारतीय राजनीति में वामपंथी रेडिकलिज़्म ने पहली बार—कमज़ोर ढंग से भले ही लेकिन स्पष्ट रूप से हस्तक्षेप करना शुरू किया था। यह वह समय भी था, जब प्रेमचन्द अपनी सृजनात्मक-शक्ति के चरम-शिखर पर थे और उन्होंने अपने अन्तिम उपन्यास और कहानियाँ लिखी थीं।

प्रेमचन्द के अन्तिम उपन्यास और कहानियों में जहाँ हम उनके समस्त पुराने गुणों से परिचित होते हैं—वहाँ दूसरी तरफ़ सहसा एक आश्चर्यजनक बोध भी होता है, यह वही प्रेमचन्द हैं, जिन्होंने 'गबन', 'निर्मला' और 'रंगभूमि' जैसे रोचक, सीधे-सादे, मार्मिक उपन्यास लिखे थे—किन्तु उसके परे एक दूसरे प्रेमचन्द की भी झलक दिखाई देती है, जिसे हमने पहले कभी नहीं देखा था। हल्की-सी नाराज़ी, कुछ दबा-सा आक्रोश, एक बेचैन-सी हताशा, जो पिछली कहानियों की पस्त और पराजित निराशा से अलग थी—और अनुभव के इन खंडित टुकड़ों के पीछे सत्य का एक अखंडित बोध परिलक्षित होता है, जो शायद स्वयं प्रेमचन्द की जीवन-यात्रा में एक आश्चर्यजनक खोज थी। वह कौन-सा सत्य था, जो इतने बरसों बाद भी उनकी अन्तिम रचनाओं में इतने जीवन्त और ज्वलन्त रूप से विद्यमान है और जिसकी प्रतिध्वनि को प्रेमचन्द की आनेवाली हर नई पीढ़ी ने बहुत विस्मय, ध्यान और चिन्ता से सुना है?

शायद इसका उत्तर हमें जैनेन्द्र के एक संस्मरण से मिलता है, जो उन्होंने प्रेमचन्द की याद में लिखा था। एक जगह वह अपने और प्रेमचन्द के बीच अन्तर को स्पष्ट करते हुए कहते हैं : "मैं अपने को बुद्धि का दुश्मन मानता हूँ, जबकि प्रेमचन्द के सम्बन्ध में कह सकता हूँ, कि वह धन के दुश्मन थे।" (मैं स्मरण से उन्हें उद्धृत कर रहा हूँ, शब्द शायद भिन्न हों, आशय यही था) दरअसल हम जिस व्यवस्था में रहते हैं, वहाँ देर-सबेर धन से दुश्मनी अनिवार्यतः 'बुद्धि' से दुश्मनी की ओर अग्रसर होती है—क्योंकि 'बुद्धि' स्वयं धन अर्जित करने के लिए एक हथियार और औज़ार की तरह इस्तेमाल की जाती है। हमारे युग में 'बुद्धि का राक्षसी रोल' धन की आसुरी शक्तियों से अलग नहीं किया जा सकता। पैसा यदि मनुष्य को उसके मनुष्यत्व से ही वंचित करता है, तो बुद्धि, जिसकी अभिव्यक्ति हमारे युग में अनेक मतवादी विचारधाराओं में हुई, मनुष्य को अपने विवेक और ज्ञान से ही वंचित कर

देती है, जिससे वह अपने 'खोखलेपन' को भी नहीं देख पाता। मनुष्य के आत्म-उन्मूलन में बुद्धि की आक्रामकता ने उतना ही भयावह रोल अदा किया है, जितना धन की पिपासा ने, जो मनुष्य को मात्र 'वस्तु' में परिणत कर देती है।

शायद आप भाँप गए होंगे, मैं आपको किस बिन्दु की ओर ले जा रहा हूँ—प्रेमचन्द के अन्तिम सत्य की ओर—जो 'धन' के साक्षात्कार से जाग्रत हुआ था। यह सत्य भी प्रेमचन्द को औपनिवेशिक सन्दर्भ में ही उपलब्ध हुआ था—ख़ुद अपनी आँखों से उन्होंने भारतीय समाज में उन सब मूल्यों को विषाक्त होते देखा था, जिनके प्रति अपने आरम्भिक उपन्यासों में उन्होंने इतना गहरा लगाव और निष्ठा प्रकट की थी—मनुष्य का व्यावहारिक धर्म, ईमानदारी, दायित्व की भावना जो सामन्ती ढाँचे के भीतर भी मनुष्य के आपसी रिश्तों में मानवीयता सँभालकर रखते थे। अक्सर औपनिवेशिक व्यवस्था के विरोध में कहा जाता है कि वह 'तीसरी दुनिया' की सामन्ती शक्तियों से गठजोड़ करती है—लेकिन यह अर्द्धसत्य है। वह यदि सामन्ती सत्ता से गठजोड़ करती है, तो दूसरी तरफ़ उसी व्यवस्था में पलनेवाले परम्परागत मानवीय रिश्तों को भ्रष्ट भी करती है—और नष्ट करने की यह प्रक्रिया पैसे के रिश्तों से आरम्भ होती है—और यह पूरा सत्य है। महाजनी सभ्यता का भयानक और विषैला सत्य, जिसे एक बार देख लेने के बाद प्रेमचन्द की दुनिया पहले जैसी नहीं रही; न्याय, धर्म, संस्कार और जातीय दायित्व में उनके भोले विश्वासों पर एक काली, लम्बी छाया-सी आ पड़ी; यही छाया मनुष्य की आत्मा के बीचोबीच खिंची हुई अँधेरी खाई, जिसकी क्रूर किन्तु अत्यन्त शक्तिशाली अभिव्यक्ति हमें 'गोदान' और उससे भी अधिक 'कफ़न' जैसी कहानियों में दिखाई देती है। पहली बार उन्होंने भ्रम के परदे के पीछे हिन्दुस्तानी यथार्थ का घिनौना और बीभत्स चेहरा देखा था। एक छलाँग में वह न केवल सामन्ती आदर्शों को लाँघ गए थे,

किन्तु—और यह तथ्य महत्त्वपूर्ण है—उन्होंने महाजनी संस्कृति की भौतिक विडम्बनाओं को भी भेद डाला था। यह छलाँग आदर्शवाद से यथार्थवाद की तरफ़ नहीं थी, जैसा कि हमारे हिन्दी विभागों के प्रोफ़ेसर और आलोचक मानते हैं—कोई भी सच्चा यथार्थ आदर्श से शून्य नहीं होता, जैसे कोई भी आदर्श बिना यथार्थ की ठोस अन्तर्दृष्टि के अर्थहीन और बौना हो जाता है; प्रेमचन्द के आदर्श नहीं बदले, सिर्फ़ यथार्थ से उनका सम्बन्ध बदल गया। वह अब भी मनुष्य की अच्छाई में विश्वास करते थे—लेकिन इस अच्छाई के सामने उन्होंने पहली बार बुराई या पाप से भी साक्षात्कार किया—जिसे हम 'ईविल' कह सकते हैं। पैसा अपने में पाप है। यह बोध सहसा प्रेमचन्द को एक ऐसे मोड़ पर लाकर खड़ा कर देता है, जिस मोड़ पर बिलकुल दूसरे रास्ते से गांधी आए थे।

मैंने शुरू में गांधी और विवेकानन्द को आधुनिक सभ्यता का आलोचक माना था—उन्होंने भारतीय समाज में औपनिवेशिक दूषण को अपनी संस्कृति और अतीत के सन्दर्भ में आँका था और उसी को कसौटी मानकर आधुनिक सभ्यता की अमानवीय और भौतिक बीमारियों को परखने की कोशिश की थी, ज़रा देखिए, प्रेमचन्द भी अपने अन्तिम उपन्यासों, कहानियों में महाजनी सभ्यता के घोर आलोचक बने थे—लेकिन भारतीय संस्कृति के आधार पर नहीं—प्रेमचन्द ने गांधी की तरह कभी 'गीता' से कर्म की प्रेरणा प्राप्त नहीं की—बल्कि उनका रास्ता बिलकुल दूसरा था, जिसे अगर आप नाम देना चाहें तो कह सकते हैं—एक हिन्दुस्तानी की ग़रीबी और यातना का रास्ता; प्रेमचन्द ने औपनिवेशिक तंत्र के भीतर पलती हुई एक हिन्दुस्तानी की यातना और मजबूरी में आधुनिक भौतिक संस्कृति का खोखलापन देखा था; सत्य वही था, जिसे टॉल्स्टॉय और गांधी ने देखा था—लेकिन उसका सामाजिक स्रोत और अनुभव-यात्रा बिलकुल अलग थी। जिस औपनिवेशिक दृष्टि की सीमाओं ने प्रेमचन्द की आरम्भिक कहानियों और उपन्यासों को सतही और भावुक बनाया था,

उसी औपनिवेशिक तंत्र के भीतर हिन्दुस्तानी यातना ने उन्हें एक विशिष्ट दृष्टि दी थी।

मुझे नहीं लगता प्रेमचन्द से पहले या बाद के किसी कहानीकार में ग़रीबी, ख़ास हिन्दुस्तानी ग़रीबी का इतना ठंडा, तटस्थ और तीखा वर्णन मिलता है, जो अगली पीढ़ी के प्रगतिशील लेखकों के शहरी, दिखाऊ, बनावटी रोमांटिसिज़्म से बिलकुल अलग था। एक शहरी प्रगतिशील लेखक स्वयं धन की सुविधाओं से जुड़ा रहता है, उसके मन में ग़रीबी सिर्फ़ दया जगाती है, जो क्रान्तिकारी रोमांटिसिज़्म का दूसरा पहलू है—प्रेमचन्द चूँकि स्वयं धन को सन्देह की दृष्टि से देखते थे, ग़रीबी के प्रति उनका रुख़ दया, नफ़रत और विरोध जैसी भावुक प्रतिक्रियाओं से बिलकुल अलग था। धन का अभाव अपने में वरदान हो सकता है, अगर वह ऐसी ग़रीबी को जन्म न दे, जिसमें मनुष्य स्वयं अपने धर्म और दायित्व-बोध से ही वंचित हो जाता है। इस स्तर पर प्रेमचन्द का महाजनी-व्यवस्था के विरुद्ध आक्रोश एक गहरी नैतिक पीड़ा लिये है—एक ठेठ परम्परावादी हिन्दुस्तानी की पीड़ा—जिसकी ज़रा-सी झलक भी हमें उनके बाद आनेवाले पश्चिमी शिक्षा से लैस प्रगतिवादियों में नहीं दिखाई देती। विडम्बना यह है कि यही पश्चिमी संस्कृति में पले लोग जिनका एक औसत हिन्दुस्तानी की औपनिवेशिक पीड़ा से दूर का रिश्ता भी नहीं था, अपने को 'प्रेमचन्द की परम्परा' का सबसे वफ़ादार अनुयायी मानते हैं।

प्रेमचन्द के अन्तिम उपन्यासों, कहानियों की एक बड़ी उपलब्धि है—अब वह हिन्दुस्तानी किसान को सिर्फ़ औपनिवेशिक चौखटों में ही नहीं देखते—बल्कि वह उसे सीधे-सीधे आधुनिक स्थिति की विडम्बनाओं में ले आते हैं—स्थिति अब भी औपनिवेशिक जड़ता और उत्पीड़न में डूबी है—लेकिन प्रेमचन्द उसे अब एक ऐसे संकट के सन्दर्भ में देखते हैं, जो महज़ 'तीसरी दुनिया' के बाहरी उपादानों द्वारा अनुशासित नहीं है;

बल्कि अब वह व्यक्ति और समाज के बीच रिश्तों में घुन की तरह चिपका है—स्वयं मनुष्य की आत्मा में साँप की तरह विराजमान है। लेकिन इस साँप से डरने की ज़रूरत नहीं; 'कफ़न' तक आते-आते अचानक प्रेमचन्द के पात्रों को अहसास होता है, जिसे वह सर्वग्रासी साँप समझे बैठे थे, वह महज़ रस्सी है, सामाजिक मर्यादाओं और कर्तव्यों की कच्ची, जर्जरित, तार-तार होती हुई रस्सी—जिसे एक झटके से तोड़कर मुक्त हुआ जा सकता है। प्रेमचन्द ने जैसे इस कहानी में अन्तिम रूप में फ़ैसला ले लिया हो, कि वह उन सब मूल्यों को एक-एक करके 'कलंकित' करेंगे, जिन्हें वह धर्म और पवित्रता का प्रतीक मानते थे। एक सामन्तवादी समाज में एक संस्कारग्रस्त धर्मशील व्यक्ति का विद्रोह केवल दूषण (blasphamy) के रूप में हो सकता है—उन समस्त मर्यादाओं को दूषित और हास्यास्पद बना देता है, जिन्हें हम पुरातनकाल से पुनीत और पवित्र मानते आए हैं। इस अर्थ में हिन्दी साहित्य में 'कफ़न' शायद पहली 'ब्लासफेमस' कहानी है। जिस क्षण बाप-बेटे ने घर की औरत के कफ़न के पैसों से शराब का कुल्हड़ मुँह से लगाया था, उस क्षण पहली बार हिन्दी साहित्य में व्यक्ति ने अपनी स्वतंत्रता का स्वाद भी चखा था। यह क्षण वह था, जब प्रेमचन्द के समाज में 'व्यक्ति' का जन्म हुआ था। यह जन्म मृत्यु और श्मशान की छाया में हुआ था—दो पियक्कड़ हिन्दुस्तानियों का मुक्ति समारोह। अपनी अन्तिम कहानी में प्रेमचन्द पूरा एक दायरा पूरा कर गए थे। जिस समाज के लिए उनके पात्र आज तक अपने को होम करते आए थे, उसके एवज़ में वह समाज—गोदान के लिए न सही—कफ़न के एक चीथड़े के लिए चार पैसे नहीं जुटा सकता? ज़रूर जुटाएगा, औरत की मुरदा देह के लिए नहीं—तो अपनी मुरदा मर्यादाओं को ढकने के लिए ही सही!

कहते हैं, उन्नीसवीं शताब्दी का रूसी साहित्य गोगोल के 'ओवरकोट' से बाहर आया था। पता नहीं, इसमें कितना सत्य है,

किन्तु हिन्दी का आधुनिक कथा साहित्य का बड़ा अंश प्रेमचन्द के 'कफ़न' से बाहर आया है, यह मुझे ज़रूर सत्य जान पड़ता है। पूरा साहित्य नहीं—ऐसे लेखक हैं, जैनेन्द्र, अज्ञेय और अनेक नये लेखक—जो शायद बिना प्रेमचन्द के भी अपनी लीक बना सकते—मैं स्वयं शायद ऐसी श्रेणी में आता हूँ जिस पर प्रेमचन्द का कोई सीधा और प्रत्यक्ष प्रभाव नहीं दिखाई देता। यहाँ तक कि वे लेखक जो अपने को प्रेमचन्द की 'परम्परा का उत्तराधिकारी' मानते हैं, अपनी उत्कृष्ट रचनाओं में (जहाँ वे सिर्फ़ प्रेमचन्द की नक़ल नहीं कर रहे) प्रेमचन्द के कथा-विधान में काफ़ी महत्त्वपूर्ण परिवर्तन करते रहे हैं। इसका कारण है। प्रेमचन्द की अधिकांश रचनाएँ यूरोप के उन्नीसवीं शती में विकसित यथार्थवादी ढाँचे में लिखी गई थीं—यह ढाँचा, कथ्यात्मक फ़ॉर्म एक तरह से अन्य विश्वव्यापी आधुनिक उपकरणों की तरह हर लेखक के लिए सुलभ था—जब कभी लेखक के जातीय अनुभव इस ढाँचे में फिट नहीं हो पाते थे, तो लेखक अक्सर ढाँचे को छोड़ने के बजाय अपने अनुभवों को छोड़ देना ज़्यादा सुविधाजनक मान लेता था। मैंने इस द्वंद्व का उल्लेख अन्यत्र किया है, यहाँ विस्तार में जाने के बजाय मैं सिर्फ़ इतना कहना चाहूँगा कि प्रेमचन्दोत्तर पीढ़ी के कुछ महत्त्वपूर्ण लेखकों ने अपने अनुभवों को व्यापक औपन्यासिक स्पेस देने के लिए प्रेमचन्द के 'यथार्थवादी' फ़ॉर्म से अपने को मुक्त किया है—रेणु के उपन्यास इसका सजीव उदाहरण हैं। प्रश्न यथार्थ से विदा लेने का नहीं था, स्वयं बदलते हुए यथार्थ को अभिव्यक्त करने के लिए 'यथार्थवादी' ढाँचे की सीमाओं से मुक्ति पाना था।

किन्तु किसी परम्परा को तोड़ना उसकी अवज्ञा करना नहीं है; रेणु, अज्ञेय या जैनेन्द्र यदि बिलकुल अलग क़िस्म के उपन्यास लिख पाए तो इसलिए क्योंकि उनके पास पहले से ही प्रेमचन्द मौजूद थे। यदि हम अपने पुरखों की अपेक्षा कुछ ज़्यादा, कुछ अधिक, कुछ महत्त्वपूर्ण सत्य

उपलब्ध करते हैं तो इसका सीधा-सा कारण है कि हमारी दृष्टि के साथ पुरखों की दृष्टि जुड़ी है—आज जब कुछ समीक्षक और लेखक प्रेमचन्द की परम्परा की बात डंके की चोट के साथ दुहराते हैं—उसे कसौटी मानकर आधुनिक लेखन को प्रगतिशील या प्रतिक्रियावादी घोषित करते हैं—तो मुझे काफ़ी हैरानी होती है। मुझसे ज़्यादा हैरानी और क्षोभ शायद प्रेमचन्द को होता, यदि वह जीवित होते। वह शायद हँसी में उनसे कहते, 'भई, आप तो मेरी परम्परा में आते हैं, लेकिन मैं?' मैं कौन-सी परम्परा में आता हूँ—'सेवासदन' की परम्परा में या 'कफ़न' की परम्परा में? और तब हमें अचानक पता चलेगा कि स्वयं प्रेमचन्द को 'प्रेमचन्द की परम्परा' से मुक्त करना ज़रूरी है—क्योंकि वह स्वयं अपने को पीछे छोड़कर हमेशा नया बनते गए, जिसमें समूचा 'छोड़ा हुआ अंश' भी शामिल था। यह—मेरे विचार में—उनकी सबसे गौरवपूर्ण उपलब्धि थी जो इतने वर्षों बाद भी हमारे बीच उपस्थित है।

['ढलान से उतरते हुए'—संग्रह से]

देवी स्थान के शिखर पर : महादेवी

कितनी बार भुवाली से होता हुआ रामगढ़ से गुज़रा हूँ। सेबों के पेड़ों पर सफ़ेद फूलों की छटा दूर से ही दिखाई दे जाती है। लगता है, हवा में बहुत-सी सुगन्धें एक साथ आ मिली हैं। देवदार, चीड़, बाँस और बुराँश के पेड़ों को समुद्र से सात हज़ार फ़ीट की ऊँचाई पर एक साथ लहराते हुए देखना अपने में एक दुर्लभ अनुभव है। यहाँ टूरिस्टों का कोई जमघट नहीं। आधुनिक हिल-स्टेशनों के शोर-शराबे से दूर, जबकि नैनीताल और मुक्तेश्वर जैसे नगर तीन-चार घंटों में ही पहुँचे जा सकते हैं। पेड़ों के नीचे साँय-साँय सन्नाटे को सुनते हुए अनायास किसी सुदूर अतीत का स्मरण हो आता है, जब हज़ारों वर्ष पूर्व यहाँ किन्नर, किरात, नाग, गन्धर्व आदि जातियाँ निवास करती थीं—देवजातियों का प्राचीन आवास स्थल।

क्या इसी पावन अतीत के सम्मोहन ने महादेवी वर्मा को उत्तरांचल के इस नीरव, शान्त कोटर में रहने के लिए लालायित किया था;

या इसलिए कि उन्होंने सुन रखा था कि इस आरण्यक प्रदेश का प्राचीन नाम 'देवी स्थान' है—महादेवी 'देवी स्थान' में नहीं रहेंगी तो कहाँ रहेंगी?

रामगढ़ का यह छोटा-सा पहाड़ी क़स्बा उन दिनों तो और भी अधिक उजाड़, निर्जन और एकाकी रहा होगा, जब वर्षों पहले, सन् 1937 में, हिन्दी की प्रख्यात कवयित्री ने इलाहाबाद की हलचल से दूर अपनी एकाकी सृजन-साधना के लिए यहाँ अपने लिए एक छोटा-सा घर बनवाया था। यहाँ वह हर वर्ष गर्मियों में—जिन्हें वह 'पहाड़ों का वसन्त' कहती थीं—अध्ययन-मनन के लिए आती थीं। साथ में उनका 'पशु-परिवार' भी आता था—ख़रगोश, कुत्ते, तरह-तरह के पक्षी, जिन्हें वह इलाहाबाद में अपने साथ पालती-पोसती थीं।

रामगढ़ का वह घर, जो एक छोटी-सी कुटिया से शुरू हुआ था, धीरे-धीरे एक तपोवनी आश्रम में बदलता गया। हिन्दी के अनेक कवि और साहित्यकार—इलाचन्द्र जोशी, सुमित्रानन्दन पन्त, धर्मवीर भारती समय-समय पर वहाँ आकर रुकते थे। कहते हैं, स्वयं महादेवीजी ने अपने कविता-संग्रह 'दीपशिखा' की रचना इसी भवन में रहकर की थी।

महादेवीजी की मृत्यु के बाद—जैसा अक्सर हमारे देश में स्मृति-स्थलों के साथ होता है—यह भवन जर्जर, उपेक्षित अवस्था में पड़ा रहा। सौभाग्य से श्री बटरोही कुछ संवेदनशील कुमाऊँनी प्राध्यापकों और लेखकों ने नैनीताल के जिलाधिकारियों के सहयोग से इस भवन को 'महादेवी साहित्य संग्रहालय' में विकसित करने का बीड़ा उठाया। संग्रहालय के उद्घाटन के अवसर पर—जो सन् 1996 में हुआ था—मुझे श्री अशोक वाजपेयी के साथ पहली बार वहाँ जाने का संयोग मिला। रामगढ़ के जिन सेब-बग़ीचों को मैं सिर्फ़ बस की खिड़की से लालायित आँखों से देखता था, वहाँ पहली बार कभी महादेवीजी के निमित्त ठहरने का मौक़ा मिलेगा, यह कभी स्वप्न में भी नहीं सोचा था।

एक सँकरी-सी चढ़ाई उस संग्रहालय तक जाती है, जहाँ कभी महादेवीजी धीरे-धीरे चलते हुए अपने घर जाती थीं। तब क्या वह अनुमान लगा सकती थीं कि वर्षों बाद उनके पाठकों-प्रशंसकों की लम्बी क़तार उनके पद-चिह्नों पर चलते हुए एक ऐसी ऊँचाई पर पहुँचेगी, जहाँ वह तो कहीं पहाड़ों के पीछे लुप्त हो जाएँगी, किन्तु अपने पीछे आनेवालों के लिए अपने कतिपय स्मृति-अवशेष छोड़ जाएँगी। कुछ किताबें, जो अलमारी के भीतर एक-दूसरे से सटी, धूल में सनी दिखाई दे जाती हैं। चौके में चूल्हा, उन दिनों के कुछ पुराने बरतन, लकड़ी का पटरा—वही सादी-स्वच्छ-सात्त्विक-सी घरेलू चीज़ें, जिनसे उनकी छोटी-सी गृहस्थी चलती थी। उनके अध्ययन-कक्ष में एक आसन और डेस्क दिखाई दिये, जहाँ वह अधिकांश समय—एकान्त की घड़ियों में—लिखने, पढ़ने, सोचने में गुज़ारती थीं। वहीं शायद चित्र भी बनाती थीं। शायद यही कारण था कि भवन में उनके बनाए जो चित्र सुरक्षित हैं, वे अधिकांश लैंडस्केप हैं—सूर्यास्त की कोमल रोशनी, पहाड़ों पर झरता आलोक, पेड़ों के झुरमुट से खेलती हुई धूप, हवा, छाया।

वही धूप है, वही पहाड़ी बादल, वही जंगल की बनैली, सरसराती हवा; सिर्फ़ वे आँखें नहीं हैं, जो कभी डेस्क से उठकर खिड़की के पार उन्हें टोका करती थीं।

कुछ स्थानों को देखते ही अनायास मन में कोई बहुत पुरानी स्मृति कौंध जाती है। महादेवीजी के डेस्क और आसन को देखकर मुझे वाराणसी के घाट पर बसा एक अन्य आश्रम याद आ गया—बहुत वर्षों से उसे देखने की उत्कट साध थी, जहाँ आनन्दमयी माँ वर्ष के कुछ महीने रहा करती थीं। मेरी बड़ी बहन आनन्दमयी माँ की अर्पित आराधिका थीं और बचपन में उन्हीं के साथ मैं उन्हें देखने-सुनने जाया करता था। आज मुझे कुछ और नहीं, उनके सुन्दर, सात्त्विक चेहरे पर खेलती मुस्कराहट याद रह गई है—बिलकुल वैसी ही, जैसी मैंने पहली बार और आख़िरी बार महादेवीजी के चेहरे पर देखी थी।

यह भी क्या दैवी संयोग था कि महादेवीजी के अध्ययन-कक्ष में जाकर ही मुझे आनन्दमयी माँ का वाराणसीवाला साधना-कक्ष याद आता रहा? वह भी खिड़की के पास बैठा करती थीं, जिसके पार धूप में चमकता गंगा का असीम, निस्पन्द विस्तार दिखाई देता था। दोनों स्थानों के बीच एक दुर्लभ, अलौकिक साम्य था—हिमालय की पावन धवल अटलता और गंगा की सतत प्रवाहमयता...और तब महादेवीजी की चौकी के पास बैठा हुआ मैं सोचने लगा कि दोनों के बीच भौगोलिक दूरी के बावजूद कितना गहन सान्निध्य था! महादेवी शब्द की पवित्रता में सृष्टि को साकार करती थीं, आनन्दमयी माँ सृष्टि की पवित्रता में ईश्वर से साक्षात् करती थीं। खिड़की से ये दृश्य भले ही अलग-अलग दिखाई देते हों, कवि और साधक में कोई अलगाव नहीं था; दोनों ही द्रष्टा थे।

यह भी एक विचित्र संयोग ही रहा होगा कि महादेवी ने अपने लिए जो निवास-स्थान चुना था, उससे लगभग तीन किलोमीटर दूर सबसे ऊँची पहाड़ी पर कभी कवीन्द्र-रवीन्द्र रहा करते थे। वह सन् 1903 में अपनी बीमार बेटी के स्वास्थ्य-लाभ के लिए यहाँ आए थे। उन्होंने अपनी कुटी का नाम 'गीतांजलि' रखा था, जिसकी कुछ कविताएँ उन्होंने यहाँ लिखी थीं। आज उनके घर के नाम पर सिर्फ़ पत्थरों के ढूह दिखाई देते हैं। कितना अजीब है, जिस कृति के नाम पर रवीन्द्रनाथ को विश्व-ख्याति मिली, उसी के नाम का आवास-स्थल आज खँडहरों में दिखाई देता है!

परम्परा और इतिहास-बोध

आज के आधुनिक मनुष्य को इतिहास और समय के नियमों-क़ानूनों का जितना ज्ञान है, उतना शायद पहले किसी युग में प्राप्त नहीं था। असली अर्थ में वह ऐतिहासिक 'मनुष्य' है। एक तरह से इतिहास-बोध ही आधुनिकता का पर्याय मान लिया जाता है। मध्यकालीन संस्कृति में धर्म का जो केन्द्रीय स्थान था, उसने धीरे-धीरे पीछे हटते हुए अपनी जगह इतिहास को समर्पित कर दी है। मनुष्य प्रकृति के परिवेश में नहीं, इतिहास के सन्दर्भ में जीता है—इस सन्दर्भ में हर घटना पिछली घटना से नई है। जो अब हो रहा है, वह पहले कभी नहीं हुआ। मनुष्य के क्रमिक विकास का यह बोध प्राचीन यूनानियों के लिए उतना ही अजनबी और पराया था जितना भारतीय मनीषियों के लिए। वे समय को विकास के रूप में नहीं, 'चक्र' के रूप में देखते थे, जहाँ हर घटना गुज़री हुई घटना की याद दिलाती है—स्मृति, जिसकी परतें जमती हुई परम्परा को जन्म देती हैं। पहले 'परम्परा' मनुष्य के भीतर थी, जो उसकी जीवन-मर्यादा को

अनुशासित करती थी, अब इतिहास मनुष्य के भविष्य को निर्धारित करता है और परम्परा खोजने के लिए उसे पीछे की ओर देखना पड़ता है।

किन्तु यदि यह बात सच है कि इतिहास का जो प्रभुत्व आज हमारे जीवन में है वह पहले कभी नहीं था। वहाँ यह बात भी उतनी ही सत्य है कि मनुष्य आज जितना समय और इतिहास से त्रस्त है, उतना पहले किसी युग में नहीं था। उन्नीसवीं शती में सार्वभौमिक सत्ता से सम्पन्न जो मदमाता इतिहास-बोध मनुष्य की प्रगति और मुक्ति का सन्देश लाया था, वह हमारे समय तक आते-आते अपनी ही क्रूर पैरोडी में प्रतिध्वनित-सा होता है। भविष्य को निर्धारित करनेवाले नियम, क़ानून, फ़ॉर्मूले अब भी हैं किन्तु उन पर बीसवीं शताब्दी के रक्त और यातना और मोहभंग की इतनी गहरी काई जम चुकी है कि वे भविष्य के बन्द तालों में कहीं फिट नहीं हो पाते। कैसा है यह वैज्ञानिक, तर्कशील, गौरवपूर्ण इतिहास-बोध, जिसने आज मनुष्य को स्वयं अपने ही भविष्य के प्रति इतना अरक्षित, आतंकित और अनाश्वस्त बनाकर छोड़ दिया है?

यह नहीं कि हम मानव-भविष्य के बारे में जानते नहीं। आज के आधुनिक मनुष्य ने इतिहास-बोध से उत्प्रेरित होकर भविष्य के बारे में जो परिकल्पनाएँ और सम्भावनाएँ आविष्कृत की हैं, उनके आधार पर 'भविष्यशास्त्र' (futurology) की पूरी एक रसायनशाला निर्मित की जा सकती है। किन्तु इस भविष्य का वर्तमान की विभीषिका से कोई सम्बन्ध नहीं, बल्कि यूँ कहें, वर्तमान की विभीषिका से बचने के लिए ही इस 'ऐतिहासिक भविष्य' का निर्माण किया गया है—वह चाहे वर्गहीन समाज का स्वप्न हो या कम्प्यूटर-निर्धारित 'रोबो' का यंत्रलोक, इससे कोई अन्तर नहीं पड़ता। हम समय में नहीं, एक काल्पनिक समय में जीते हैं—और विचित्र बात यह है कि इसमें मनुष्य की मृत्यु को देशनिकाला दे दिया गया है क्योंकि स्वयं अपनी मृत्यु से भयभीत होकर हमने भविष्य-लोक में शरण ली है। मृत्यु अगर है तो अतीत में—एक मृत अतीत में—

जिसे हम म्यूजियम्ज़ और पुरातत्त्व संग्रहालयों में सुरक्षित रखते हैं। इतिहास-बोध, जो एक समय में मनुष्य के अतीत को उसकी नियति से जोड़ता था—जिसके परिप्रेक्ष्य में यहूदी मसीहाओं और ईसाई चर्च ने मानव की नैतिक मर्यादाएँ निर्धारित की थीं—जिसके मर्म को आँकने के लिए स्वयं मार्क्स ने अतीत की शृंखलाओं को जोड़ा था, वह एक ऐसी स्वायत्त सत्ता में बदल गया है—मनुष्य की नियति और नैतिकता से ऊपर—एक ईर्ष्यालु देवता (Jealous God)—जिसकी असीम बुभुक्षा को तृप्त करने के लिए मनुष्य एक के बाद दूसरी क्रान्ति करता है, किन्तु हर क्रान्ति उसे मुक्त करने के बजाय अपने लौह-पाश में और भी अधिक जकड़ लेती है; जिस भविष्य-निर्माण के लिए वह क्रान्ति करता है, वह उसके वर्तमान को और भी अधिक कुत्सित और दयनीय बनाकर छोड़ देती है। हिटलर ने जर्मन राइख़ के 'हज़ार वर्ष के भविष्य' का स्वप्न देखा था, स्वयं सोवियत क्रान्ति ने एक 'नये मनुष्य' का निर्माण करने का गर्वपूर्ण दावा किया था। आज दोनों का हश्र हमारे सामने है। मनुष्य ने जिस दिन 'ऐतिहासिक अनिवार्यता' को मनुष्य की नियति के साथ जोड़ दिया था, उसी दिन मार्क्स का यह विश्वास झूठा पड़ गया कि मनुष्य अपना इतिहास स्वयं बनाता है, उलटे इतिहास को यह अमानुषिक स्वायत्त (frankenstein) शक्ति प्राप्त हो गई कि वह ख़ुद मनुष्य की नियति को अनुशासित कर सके।

यह आधुनिक युग की विचित्र विडम्बना मानी जाएगी कि एक तरफ़ आज का मनुष्य 'इतिहास-बोध' से आक्रान्त है, दूसरी तरफ़ मृत अतीत और काल्पनिक भविष्य के बीच स्वयं इतिहास की जीवन्त धारा सूख गई है। जिस तरह नदी में डूबता आदमी पानी से रिश्ता नहीं जोड़ पाता, उसी तरह इतिहास में डूबा मनुष्य समय का मर्म नहीं जान सकता। वह इतिहास से संत्रस्त हो सकता है, किन्तु उसे अपने जीवन और मृत्यु का साक्षी न बना सकता; वह इतिहास जो इस धरती पर मनुष्य

का साक्षी न बन सके, उसका क्या अर्थ रह जाता है? यही कारण है कि आज इतिहास-बोध आधुनिक मनुष्य का ठूँठा अन्धविश्वास बनकर रह गया है जिसके पास वह भविष्य का अर्थ टटोलने नहीं, वर्तमान से छुटकारा पाने जाता है।

किन्तु क्या हम वर्तमान से छुटकारा पा सकते हैं? समय की धारा में क्या वर्तमान ही ऐसा स्थिर बिन्दु नहीं है जहाँ मनुष्य अपनी नश्वरता के बावजूद या उसके कारण ही इतिहास में अपनी सम्पूर्ण नियति से साक्षात् करता है? यद्यपि यह नियति उसके व्यक्तिगत अतीत से सम्बन्ध रखती है, किन्तु उसके साथ वह मनुष्य के समग्र भविष्य को भी आलोकित करती है जिसमें दूसरे लोगों की नियति भी जुड़ी है। भविष्य किसी काल्पनिक 'यूटोपिया' में स्थिर नहीं है, वह वास्तव में मनुष्य के उन अवशेषों में रहता है, जिसे हर व्यक्ति अपनी मृत्यु के बाद छोड़ जाता है—उसकी स्मृति और स्वप्न। हम जिसे मानवता का भविष्य कहते हैं, वह इतिहास में जीनेवाले व्यक्ति का अतीत है, जो उसकी मृत्यु के बाद भी बचा रहता है—जिससे परम्परा बनती है। हम इस अद्‌भुत निष्कर्ष पर पहुँचते हैं कि भविष्य का बोध हमें कहीं आनेवाले समय में नहीं, पीछे गुज़र जानेवाले अतीत में उपलब्ध होता है। हजारीप्रसाद जी ने इतिहास का बोध प्रकृति की नैसर्गिक लय से प्राप्त किया था—पश्चिम के इतिहास-आतंक से नहीं, इसीलिए वह व्यक्ति की मृत्यु को झरा हुआ पत्ता मानते थे जो ख़ुद मिट्टी में मिल नये वृक्ष में अंकुरित होता है। क्या पत्ते का भविष्य वृक्ष नहीं है जो स्वयं पत्ते की मरी हुई स्मृति से विकसित हुआ है?

स्मृति की यह विशेषता है कि वह अपने पीछे कोई पद-चिह्न नहीं छोड़ जाती—वह स्वयं पद-चिह्न बन जाती है। परम्परा का मतलब इन पद-चिह्नों पर चलकर उस वर्तमान को परिभाषित करना है जहाँ मनुष्य आज जीवित है। हम चलते पीछे की तरफ़ हैं, किन्तु पहुँचते

वहाँ हैं जहाँ हम आज इस क्षण में हैं। परम्परा इस अर्थ में विगत की खोज नहीं, विगत के भविष्य का अन्वेषण है। हम पीछे की ओर चलते हुए आगे की तरफ़ बढ़ते हैं, और तब हमें पता चलता है कि 'आगे' और 'पीछे' का ऐतिहासिक बोध स्वयं अपने में छलना है—समय की दृष्टि से जो आगे हो, ज़रूरी नहीं, वह विगत की कसौटी बन सके; उलटे जो बीत चुका है, वह एक नैतिक मर्यादा के रूप में एक स्वप्न की तरह मनुष्य के आगे-आगे चलता है। दो हज़ार वर्ष पूर्व सूली पर चढ़े हुए ईसा या उससे भी पहले बोधिवृक्ष के नीचे बैठे सिद्धार्थ ने जो 'सत्य' उपलब्ध किया था, वह क्षण मनुष्य के भीतर आज भी मौजूद है—या यूँ कहें, वह सत्य जो ऐतिहासिक समय की गणना में दो हज़ार वर्ष पुराना है, उसे मानव-सत्य बनने में शायद अगले दो हज़ार वर्ष भी कम पड़ेंगे। ऐतिहासिक समय उत्तरोत्तर आगे बढ़ता हुआ ख़ुद मनुष्य के अपने अर्जित किये हुए सत्यों के सामने छोटा पड़ता जाता है—स्वयं अपनी 'प्रगति' को नापने के लिए उसे पीछे मुड़कर देखना पड़ता है।

मनुष्य अपना इतिहास ख़ुद बनाता है, किन्तु वह 'कच्चा माल' जिससे इतिहास बनता है, वह अनुभव-राशि जिसकी मिट्टी से वह अपना भविष्य गढ़ता है, कहीं और नहीं, उसके अतीत-बोध में सन्निहित है। "भविष्य हमें कुछ नहीं देता, ख़ुद हमें उसका निर्माण करने के लिए अपना सर्वस्व, अपना जीवन तक देना पड़ता है। किन्तु हम कुछ दे सकें, इसके लिए ज़रूरी है कि हमारे पास कुछ हो और हमारे पास कोई दूसरा जीवन, कोई सृजन-रस नहीं है सिवा अतीत के उन ख़ज़ानों के जिन्हें हमने अपने भीतर आत्मसात् करके नये रूप में सर्जित किया है। मनुष्य की आत्मा की ज़रूरतों में अतीत की ज़रूरत सबसे अधिक शक्तिशाली है"—ये शब्द फ्रांसीसी रेडिकल चिन्तक सिमोन वेल के हैं, किन्तु परम्परा और मनुष्य के भविष्य के बारे में क्या आचार्य हजारीप्रसाद जी की आत्मा इन शब्दों में नहीं झलकती?

किन्तु अतीत का बोध अतीत के प्रति सम्मोहन या नॉस्टाल्जिया से बहुत भिन्न है। विगत के प्रति सम्मोहन उसी समय उत्पन्न होता है, जब हम परम्परा से विलगित हो जाते हैं। नॉस्टाल्जिया हमेशा उन चीज़ों से होता है जो हमसे टूटकर दूर छिटक गई हों; स्मृति में हम उसे खोजते हैं, जो हमारे भीतर पहले से ही मौजूद है। परम्परा का रिश्ता स्मृति से है, नॉस्टाल्जिया से नहीं। वास्तव में भविष्य के प्रति दास-भाव और अतीत के प्रति सम्मोहन ऊपर से अलग दीखने पर भी एक सिक्के के दो पहलू हैं। भविष्य के प्रति समर्पण इसलिए प्रगतिशील नहीं हो जाता कि उसके पास इतिहास की कसौटी है, अतीत के प्रति लगाव इसलिए गौरवपूर्ण नहीं हो जाता कि उसे परम्परा का कवच प्राप्त है। दोनों के मूल में एक ही अभिशाप है—मनुष्य का स्वयं अपनी आत्मा और समय से निर्वासन। इस आत्मनिर्वासन का यह परिणाम है कि हम कभी भविष्य में अपनी मुक्ति खोजते हैं, कभी अतीत में अपनी खोई हुई महिमा और गौरव को पाने का स्वप्न देखते हैं।

मनुष्य का आत्मनिर्वासन विशेष रूप से आधुनिक बोध की देन है। यूरोप में आधुनिकता का आन्दोलन एक ऐसे खंडित काल-बोध से उत्पन्न हुआ था जिसमें मनुष्य का इतिहास-बोध और परम्परा दो स्वतंत्र इकाइयों में विभाजित हो गई थीं। यह नहीं कि आधुनिक यूरोपीय मनुष्य अपनी परम्परा के प्रति सचेत नहीं था—किन्तु अब वह बाहर की चीज़ थी, जिसे वह स्वीकार कर सकता था या ठुकरा सकता था। इतिहास-बोध के बीच यह अनोखा अन्तर्विरोध है कि मनुष्य की स्वतंत्रता ही उसे अतीत-बोध से विच्छिन्न कर देती है; परम्परा अब जीने की मर्यादा नहीं, एक खोया हुआ समय है—कहीं अतीत में जमा हुआ ख़ज़ाना, जिसे मनुष्य अपनी ऐतिहासिक चेतना से उपलब्ध करता है। दूसरे शब्दों में कहें तो 'ऐतिहासिक समय' मनुष्य के समूचे समय को हथियाने की, कॉलोनाइज करने की चेष्टा करता है, उसे अपनी अहं-केन्द्रित इमेज में ढालना चाहता है।

जिस तरह पिकासो विभिन्न जातीय परम्पराओं का रस खींचकर अपने कलात्मक 'विज़न' को पोषित करते हैं, कुछ-कुछ उसी तरह पश्चिम का ऐतिहासिक समय अपने को केन्द्र मानकर न केवल यूरोप के अतीत को बल्कि ग़ैर-यूरोपीय एशियाई और अफ्रीकी संस्कृतियों की परम्परा को अपने 'औपनिवेशिक प्रभामंडल' में खींच लेता है। पश्चिम का ऐतिहासिक समय धीरे-धीरे समूची मानव-जाति के समय-बोध को हस्तगत (appropriate) करने लगता है।

यदि आज भारतीय मनीषा इतिहास और अतीत के दो मृत खंडों में विभाजित दिखाई देती है तो हमें इसका कारण सीधा पश्चिम के उस अहं-केन्द्रित इतिहास-बोध में दिखाई देगा जिसने पिछले दो सौ वर्षों में भारतीय मनुष्य को उसके अतीत और परम्परा से उन्मूलित किया है; कितना बड़ा व्यंग्य है कि जिन यूरोपीय इतिहासकारों और पुरातत्त्व के पंडितों ने अपने अनुवादों, खोजों और खुदाइयों से भारतवासी को अपनी विशिष्ट परम्परा से परिचित कराया, उसी सभ्यता ने उस सामाजिक संरचना के तन्तु-जाल को भी नष्ट किया, जिसमें मनुष्य अपनी परम्परा में साँस लेता था, अपने पावन अतीत को अपने वर्तमान में जीता था। किसी जाति के मिथक और विश्वास उनकी जीवन-प्रणाली—उसके आत्मीय संसार से जुड़कर ही जीवन्त हो पाते हैं, एक की अभिव्यक्ति दूसरे के द्वारा होती है। मनुष्य जीने की प्रक्रिया में अपने विश्वासों को उद्घाटित करता है, उन विश्वासों के द्वारा जीने की प्रणाली मर्यादित करता है, ऐसी संस्कृति में इतिहास का समय एक अक्षुण्ण धागे से परम्परा के कालातीत बोध से जुड़ा होता है। मनुष्य एक साथ दो काल-प्रदेशों में जीता है और ये दोनों एक-दूसरे से अलग नहीं हैं; एक-दूसरे के समानान्तर भी नहीं हैं—दोनों एक-दूसरे से उलझे हैं—इस उलझाव में ही एक जाति की आत्मा अपना आकार ग्रहण करती है। पश्चिम के इतिहास-बोध ने इस 'आत्मा' के तन्तु-जाल को छिन्न-भिन्न कर दिया, उसे दो फाँकों में खंडित कर दिया।

मनुष्य का मिथक-संसार और उसकी जीवन-प्रणाली दो मृत कठघरों में विभाजित हो गए। दोनों के बीच घाव की खरोंच अब भी मौजूद है। नायपॉल ने भारतीय संस्कृति को 'घायल संस्कृति' माना है; काश, वह इस घाव के पीछे इतिहास के उस अस्त्र को भी देख पाते जिसका लोहा अब भी उसकी लहूलुहान आत्मा के भीतर गड़ा है!

सम्भव है, हर जाति को देर-सवेर ऐतिहासिक-बोध प्राप्त करने का मूल्य चुकाना पड़ता है। हम अपनी परम्परा के प्रति उसी समय सचेत होते हैं जब उसे खो देते हैं। स्वयं को जानना ही आदिपाप बन जाता है, जो हमें परम्परा और अतीत-बोध के 'गार्डन ऑफ़ ईडन' से निष्कासित कर देता है। किन्तु यह 'आत्मचेतना' क्या ख़ुद अपने में छलना नहीं है? हम अपने को जानकर अपने अतीत से विच्छिन्न होते हैं और फिर यह विच्छिन्नता ख़ुद अपने को जानने में बाधा बन जाती है। वास्तव में हम सभ्यता के आत्मबोध में नहीं, उसके अहं-केन्द्रित अलगाव में जीते हैं। इस अहं-केन्द्रित ऐतिहासिक-बोध का इससे बढ़कर प्रमाण क्या हो सकता है कि जिन रेड इंडियंस की सभ्यता को सफ़ेद जातियों ने इतनी निर्ममता से उन्मूलित किया, उन्हीं के तीर-कमान, वेश-भूषा, देवी-देवताओं की मूर्तियाँ आज अमेरिका के संग्रहालयों में बड़े गर्व से प्रदर्शित की जाती हैं। यह है मानवीय परम्परा के प्रति आधुनिक इतिहास-बोध का बर्ताव। इसी आक्रामक इतिहास-बोध का प्रमाण—बिलकुल विपरीत रूप में—हमें एक दूसरी समाज-व्यवस्था में मिलता है, जहाँ वर्तमान में जीनेवाले लेखकों की आत्मा पर ताला लगाकर टॉल्स्टॉय और पुश्किन की गौरवपूर्ण परम्परा के दरवाज़े खोले गए हैं। हम यह भूल जाते हैं कि जिस प्रकार आज का लेखक परम्परा से प्रेरणा पाकर नया सत्य खोजता है, उसी तरह परम्परा भी आज के लेखक के भीतर ही अपना सत्य उद्घाटित करती है। जब हम 'इतिहास-बोध' के नाम पर 'सोल्ज़ेनित्सिन' जैसे लेखक को देशनिकाला देते हैं तो यह ध्यान

नहीं आता कि उसके साथ-साथ हम टॉल्स्टॉय और दोस्तोएव्स्की की परम्परा को भी देशनिकाला दे रहे हैं। पुराने लेखकों की पुस्तकों को लाखों की संख्या में छापकर साहित्य-परम्परा का संरक्षण नहीं होता। उसका सत्य आज के लेखक की मुक्त वाणी में संरक्षित होता है—ऐसा सत्य जिसके लिए वह किसी से नहीं डरता, 'लोक से भी नहीं, वेद से भी नहीं, गुरु से भी नहीं।'

मनुष्य-नियति की यह पीड़ित विडम्बना है कि जब वह सम्पूर्ण रूप से आत्मनिर्वासित हो जाता है, तब सम्पूर्ण रूप से मुक्त भी हो जाता है। अतीत और भविष्य के बारे में उसके सब भ्रम और लगाव छूट जाते हैं। इतिहास मानो एक हाथ से उसका सर्वस्व छीनकर दूसरे हाथ से उसे निरीह, नंगी, अँधेरे में ठिठुरती हुई स्वतंत्रता दे देता है। यह ऐतिहासिक-बोध का अभिशाप है कि मनुष्य अपने को खो देता है, किन्तु उसका वरदान भी यही है कि वह सब कुछ खोने के बाद भी सब कुछ पा सकता है। वह पाना समय में होता है, किन्तु जो चीज़ पाई जाती है, वह ख़ुद समय की सीमाओं का अतिक्रमण कर लेती है। क्या कला का मूल सत्य भी यही नहीं है? वह अपने में ठहरी हुई स्मृति को उन्मेषित कर देती है, जिसे हम परम्परा कहते हैं, किन्तु वह अपने भीतर समय को स्थगित भी कर लेती है, जिसे हम इतिहास कहते हैं। इसलिए परम्परा और इतिहास, जिन्हें हम दो विरोधी तत्त्व मानते आए थे—एक शाश्वत, दूसरा नश्वर—कलाकार उन्हें अपनी स्वतंत्र चेतना के बिन्दु पर एकीकृत कर लेता है; कला शाश्वत वर्तमान में जीता है। कला का यह मर्म मनुष्य-जीवन का सत्य भी हो सकता है, ऐसा हजारीप्रसाद जी सोचते थे। इस सत्य को वह मनुष्य के भीतर एक अनामी देवता की तरह पाते थे। इस देवता की कोई बनी-बनाई मूर्ति नहीं थी। मनुष्य उसे अपनी परम्परा से खोदकर बाहर निकालता है; बाहर जो चीज़ आती है, वह मूर्ति नहीं, मनुष्य की स्मृति है।

वह अपने पंख समय में खोलती है—समय, जो अब और आज है और उसकी खुलती हुई सलवटों में देवता का जो बिम्ब निकलता है, उससे वह कभी सन्तुष्ट नहीं होता। वॉल्टर बेन्यामिन के शब्दों में कहें तो "कोई मूर्ति उसे सन्तुष्ट नहीं करती, क्योंकि देवता का सत्य स्मृति में नहीं, उसकी अनवरत खुलती सलवटों में छिपा रहता है।"

मेरे विचार में हजारीप्रसाद जी की यह सबसे महत्त्वपूर्ण देन थी—एक आधुनिक भारतीय किस दुर्गम रास्ते से अपनी खंडित चेतना का अतिक्रमण कर सकता है, अपनी जातीय स्मृति की सलवटों से उस देवता की मूर्ति निकाल सकता है, जिस पर पिछले दो वर्षों से इतिहास की गर्द जमा होती गई है—जो मूर्ति भी है और आईना भी, जिसमें वह अपने से साक्षात्कार करता है। वह सही अर्थ में आधुनिक थे, क्योंकि वह अतीत की सब छलनाओं और इतिहास की मरीचिकाओं से मुक्त थे। वह सही अर्थ में हिन्दू भी थे—ऐसे ब्राह्मण, जिन्होंने हिन्दुत्व की बहुविध प्रेरणाओं से मनुष्य का सत्त्व निचोड़ा था। आधुनिकता और हिन्दुत्व—इन दोनों के मेल से वह प्रामाणिक अर्थ में भारतीय बने थे। उनकी दृष्टि में 'भारतीयता' वर्तमान के पासपोर्ट पर कोई बनी-बनाई विरासत नहीं थी, जिसे हम अतीत से पा लेते हैं—वह एक ऐसा मूल्य थी, जिसे हर पीढ़ी को अपने समय में अर्जित करना पड़ता है।

आधुनिक बोध की पीड़ा : अज्ञेय

अज्ञेय अपनी पीढ़ी के उन कम लेखकों में हैं—शायद अकेले, जिन्होंने साहित्य-सृजन के बाहर स्वयं 'रचनात्मक-सृजन' को अपनी चिन्ता और मनन का विषय बनाया है। इस सन्दर्भ में दूसरे लेखक जैनेन्द्र कुमार का नाम भी अनायास याद आता है, जो अपने समय की विडम्बनाओं से उलझते रहे हैं। जैनेन्द्र के चिन्तन का घेरा यदि कुछ अमूर्त है, तो अज्ञेय के घेरे से ज़्यादा व्यापक भी—एक हद तक मूलगामी भी। दोनों की चिन्तन-यात्रा में ऐसे पड़ाव भी आते हैं, जहाँ दोनों एक-दूसरे से मिलते भी हैं; समय, समकालीनता और नैतिकता जैसे प्रश्न दोनों को ही परेशान करते हैं। इसके बावजूद दोनों के बीच एक आधारभूत अन्तर है।

अज्ञेय अधिकांश समय (दुर्भाग्यवश हमेशा नहीं) याद रखते हैं कि वह लेखक हैं—दार्शनिक नहीं। समस्याएँ चाहे एक-सी हों, कवि के चिन्तन के औज़ार, सोचने का ढंग, विचारों को छूने की प्रक्रिया कुछ अलग होती है; यह नहीं कि एक लेखक दार्शनिक नहीं हो सकता,

किन्तु उसका 'दर्शन' हमें उसकी दार्शनिक स्थापनाओं में नहीं खोजना चाहिए। लेखक का दर्शन "सोच के विषयों में नहीं, बल्कि स्वयं सोच की प्रक्रिया और उसके व्यवहार में निहित होता है।" पॉल वैलेरी का यह कथन हमेशा ही अज्ञेय की सोच पर लागू नहीं होता। वह अक्सर दार्शनिक सूक्तियों में फिसल जाते हैं, किन्तु अधिकांश समय वह इस तथ्य के प्रति सचेत रहते हैं कि लेखक का सृजन-संघर्ष विचारों से नहीं, शब्द और भाषा से जुड़ा रहता है। कहते हैं एक बार चित्रकार देगा ने कवि मलार्मे से कहा, "अजीब है तुम लेखकों का धन्धा! मेरे पास इतने ढेर-से विचार हैं, लेकिन मैं लिख नहीं सकता।" मलार्मे ने उत्तर दिया, "प्यारे देगा, कविता विचारों से नहीं, शब्दों से बनती है।" कविता के इस सत्य के प्रति अज्ञेय जितना सचेत और जागरूक रहे हैं, शायद उनकी पीढ़ी के अन्य लेखक नहीं, और यह बात इसलिए भी उल्लेखनीय लगती है कि स्वयं विचारों से उनका गहरा सम्बन्ध रहा है। यही कारण है, उनकी कविताएँ बौद्धिक न होकर भी 'वैचारिक आलोक' में लिपटी रहती हैं। एक समय में इलियट ने उन्हें बहुत प्रभावित किया था—और यदि मैं ग़लती नहीं करता—तो उन्होंने उनके एक-दो लम्बे निबन्धों का मुक्त अनुवाद भी किया था। एम.एन. राय का राजनीतिक चिन्तन उनकी आरम्भिक प्रेरणाओं में प्रमुख रहा है। गांधीजी ने शायद उन्हें कभी उद्वेलित नहीं किया; वह असली अर्थों में 'नेहरू-युग' के प्रतिनिधि लेखक माने जा सकते हैं—रेडिकल, लेकिन मार्क्सवादी नहीं; लोकतंत्र की मान्यताओं में विश्वास करनेवाले, जिसके भीतर उन्होंने 'वैयक्तिक स्वतंत्रता' को सबसे अधिक महत्त्वपूर्ण माना; अपनी मानसिक संरचना में अज्ञेय बहुत हद तक बंगाल रेनासाँ के बुद्धिजीवियों के उत्तराधिकारी रहे हैं—पश्चिमी भाव-बोध के प्रति एक खुला मोह और आकर्षण, किन्तु अपनी जातीय परम्परा और भाषा के प्रति गहन स्तर पर, संवेदनशील; अपने सरोकारों और मान्यताओं में ज़्यादा अन्वेषणशील नहीं; शायद ही उन्होंने कभी

सतर्क रूप से पश्चिमी प्रभावों के सन्दर्भ में अपनी जातीय अनुभव का पुन:परीक्षण किया हो—फिर भी अपनी प्रतिक्रियाओं में प्रखर, जीवन्त और स्पन्दनशील। नेहरू-युग की भव्य उदारता और घोर आश्चर्यजनक अमौलिकता, एक आत्मतुष्ट, सन्दिग्ध क़िस्म का सन्तुलन—संवेदनशील किन्तु सीमित 'हार्मनी' के आदर्श से मुग्ध—इसलिए हिन्दुस्तानी अनुभव के उन सब विकारों, विसंगतियों, विडम्बनाओं से विमुख—जो उनके सामंजस्य, सौन्दर्य-बोध को भंग करता हो; आत्मलिप्त और बाहरी उदारता के बावजूद भीतर से कहीं बहुत भीरु, संकीर्ण, उदासीन; नेहरू-युग का उदात्त सौन्दर्य और जड़गत सीमाएँ—दोनों ही अज्ञेय के कर्म और चिन्तन में देखी जा सकती हैं। इन तीन पुस्तकों* में अज्ञेय ने विगत जीवन के फैले चिन्तन-संसार से कुछ अंश, विचारखंड, सूक्तियाँ, यात्राओं के इम्प्रेशंस जमा किये हैं। उन्होंने इस चिन्तन-यात्रा की अवधि, समय, क्रॉनोलॉजी का कोई हवाला नहीं दिया, जो मुझे कुछ अजीब-सी बात लगती है। हमें कुछ पता नहीं चलता, कौन-सी पुस्तक, उपन्यास या कविताएँ लिखते हुए या किन राजनीतिक, सामाजिक घटनाओं के सन्दर्भ में उनके ये विचार या प्रतिक्रियाएँ एक 'शाश्वत अर्थ' के अलावा एक निजी, तात्कालिक दबाव प्रस्तुत करती हैं। इसीलिए इन पुस्तकों में सिर्फ़ एक फैला हुआ चिन्तन-प्रदेश मिलता है—यात्रा का उतार-चढ़ाव नहीं, मील के पत्थर नहीं, जिन पर एक क्षण बैठकर हम लेखक के पाँव-चिह्न आँक सकें—कहाँ वह ठिठका था, कौन-सी राह चुनी थी, किस पगडंडी पर कुछ दूर चलकर वापस मुड़ गया था; हमें यह भी पता नहीं चलता, किस ठोकर की आह और दर्द इन पन्नों पर अंकित है। लगता है, जो कुछ है, वह हमेशा से था; जो नहीं है, वह कभी नहीं था। इन पुस्तकों में 'समय का अभाव' अज्ञेय के विचारों को शाश्वतता देता है—अच्छे अर्थों में नहीं—एक लम्बी यात्रा से अर्जित किये शंकालु,

* 'भवंती', 'अन्तरा', 'शाश्वती'।

अनिश्चित, विकल सत्य नहीं—बल्कि ऐसे साफ़-सुथरे अनुभव-सत्य जो मानो लेखक के पास पहले से ही उपलब्ध थे। विचार-सूत्र और सूक्तियाँ अपना महत्त्व रखती हैं, किन्तु वे 'निर्मित माल' हैं, उनके पीछे अनुभवों की कच्ची धातु और अन्वेषी भटकन से हम प्रायः अपरिचित रह जाते हैं।

यह बात इसलिए भी अखरती है क्योंकि स्वयं अज्ञेय ने इन पुस्तकों को अपनी सृजन-यात्रा का 'लॉग बुक' माना है जिसके आधार पर "यात्रा के पदचिह्न, अनुकूल और प्रतिकूल स्थितियों तथा धाराओं, जोखिम, भटकन, प्रत्युत्पन्न सूझ का ब्योरा मिलता है।" क्या ऐसा है? अज्ञेय की एक लम्बी, विविध, संघर्षपूर्ण ज़िन्दगी रही है—पार्टीशन से पहले का लाहौर, जो एक समय कलात्मक गतिविधियों का केन्द्र था। आतंकवादी आन्दोलन, कारावास, युद्ध के दौरान बर्मा के मोर्चों पर सैनिक अनुभव, बीहड़ यात्राएँ—शायद ही किसी हिन्दी लेखक का अनुभव-संसार—'लॉग बुक' की सामग्री—इतनी विराट् और समृद्ध रही हो, जितनी इन पुस्तकों के लेखक की—किन्तु स्वयं इन पुस्तकों में इनकी कोई झलक, कोई ब्योरा, 'अनुकूल-प्रतिकूल स्थितियों' का तनिक भी लेखा-जोखा नहीं मिल पाता। तीनों पुस्तकों में स्थानों, घटनाओं और व्यक्तियों का असाधारण शून्य और अभाव है। लेखक हमें जिस 'सागर पथ' को देखने का निमंत्रण देता है, वहाँ समुद्र की लहरें, ज्वारभाटा, आँधी-तूफ़ान का परिदृश्य नहीं मिलता—सिर्फ़ अज्ञेय की 'अन्तः प्रक्रियाएँ' देखने को मिलती हैं—अपने में अन्तर्दृष्टिपूर्ण, मर्मज्ञ, मूल्यवान—लेकिन उनका 'लॉग बुक' के मैले, फटे पानी के धब्बों से भरे पन्नों से दूर का रिश्ता नहीं—जिन्हें उठती हुई लहरों और हिलती हुई लालटेन के बीच दर्ज किया जाता है।

इससे इन पुस्तकों का महत्त्व कम नहीं हो जाता—सिर्फ़ लेखक के निजी दावों से जो आशा बँधती है, वह पूरी नहीं होती। एक अफ़सोस-सा होता है कि हम एक ऐसे दुर्लभ मौक़े से चूक गए, जहाँ हम एक लेखक की दुनिया को अन्तरंग भाव से देख पाते, जिसके बीच स्वयं लेखक की

प्रतिक्रियाएँ एक जीवन्त सन्दर्भ ग्रहण कर पातीं। ज़रूरी नहीं, लेखक अपनी डायरी या जर्नल लिखे—स्वयं अज्ञेय इन्हें डायरी नहीं मानना चाहेंगे—किन्तु यदि इन्हें महज़ विचार-सूत्रों के संकलन से कुछ अधिक होना था, तो ज़रूरी था, वांछनीय भी कि हम लेखक के बौद्धिक आग्रहों के पीछे उन व्यक्तिगत अनुभवों की पीठिका भी जान पाते, जिनके रहते ही कोई विचार सूत्र, और अन्तर्दृष्टि, अमूर्त चौखटे से उठकर एक निजी, विशिष्ट क़िस्म की गरमाई और स्पन्दनशीलता ग्रहण कर पाती है।

यह नहीं, ऐसा बिलकुल नहीं है। जब कभी अज्ञेय अपनी बुद्धि से उतरकर आँख पर आते हैं, तो एक अद्‌भुत, मांसल, सेंसुअल लगाव का लैंडस्केप आलोकित हो उठता है। शायद ही किसी आधुनिक लेखक ने 'चर-अचर' की दुनिया को इतने उत्सुक भाव से देखा हो, जितना अज्ञेय ने। कैमरे की आँख की तरह उनकी दृष्टि हर लय, थिरकन और ठहराव को पूरी डिटेल के साथ रजिस्टर कर सकती है : "पत्थर के झरते पत्ते से अधिक सुन्दर किसी चीज़ की कल्पना नहीं कर पा रहा हूँ। वह धीरे-धीरे, लय के साथ डोलते हुए झरना—मानो धरती के गुरुत्वाकर्षण से मुक्त होकर, भारमुक्त होकर तिरना...कोई भी लययुक्त गति—फुलचुही का पंख फड़फड़ाते हुए क्षणभर को अधर में अटक जाना; अच्छी तैराकी, घुड़दौड़ की सरपट, अबाबील की लहराती या बाज़-सी सीधी उड़ान; हिरण की छलाँग जो अपने शिखर पर एक साथ ही निश्चेष्ट और निरायास अग्रसर हो जाती है..."

यह महज़ एक लिरिकल उच्छ्‌वास नहीं है; यह एक ऐसी मर्मज्ञ आधुनिक दृष्टि है जिसके पीछे 'खोने की पीड़ा' भी छिपी है, यह तीखा बोध कि जिस युग और दुनिया में हम रह रहे हैं, उसमें लय का यह नैसर्गिक स्पन्दन, इस स्पन्दन को देखनेवाली दृष्टि धीरे-धीरे धुँधलाती जा रही है। यहीं, ख़ास इस बिन्दु पर 'आधुनिक मशीनी संस्कृति' के प्रति एक बुद्धिजीवी की वितृष्णा और पीड़ा सार्थकता प्राप्त करती है।

अज्ञेय का प्रकृति-बोध इस दृष्टि से छायावादी बोध से बहुत अलग है—वह पहाड़ों को देखकर मुग्ध होते हैं, तो नीचे जंगलों में पेड़ों के कटने का आर्तनाद भी सुनते हैं; बल्कि यूँ कहें, यह 'कटने' का बोध उन्हें प्रकृति के लगाव में 'एंगुइश,' एक गहरी दरार अंकित कर जाता है। उनकी कविताएँ अपने प्रतिद्वंद्वी रूपकों के बीच एक तरह से 'क्रॉस रेफ़रेंस' बन जाती हैं—सचेत अन्तर्मुखी आधुनिकता और प्राकृतिक सौन्दर्य के बीच। मेरे विचार में समकालीन भारतीय लेखन की 'आधुनिकता' की यह सबसे प्रामाणिक कसौटी है कि परम्परा से विगलित हो जाने के बावजूद—स्वयं आधुनिक उपकरणों पर वह कितनी गहरी चोट कर सकता है, स्वयं चोट खाकर कैसे अपनी प्रतिक्रिया प्रकट कर सकता है।

अज्ञेय चोट खाकर परम्परा की तरफ़ नहीं मुड़ते, न किसी भविष्यवादी दर्शन की ओर; वह अपनी तरफ़ मुड़ते हैं, जहाँ वह स्वतंत्र रूप से अपनी परम्परा से जुड़ सकते हैं, अपने भविष्य को चुन सकते हैं। आलोचकों ने जिसे अज्ञेय का 'अहं' माना है, वह वास्तव में लेखक का कवच है, सिर्फ़ अपने को सुरक्षित रखने का यंत्र नहीं, बल्कि उन मूल्यों को बचाने का साधन भी, जो नष्ट हो रहे हैं, जिन्हें जानबूझकर प्रगति, आधुनिकता और युग-धर्म के नाम पर नष्ट किया जा रहा है।

किन्तु चुनाव का संघर्ष, परम्परा और आधुनिक बोध के बीच एक हिन्दुस्तानी लेखक की सृजन-कामना, अपनी निजी स्वतंत्रता के बीच एक भारतीय परिवेश के अन्तर्द्वंद्वों से जूझने की छटपटाहट—वे सब तत्त्व जो एक भारतीय लेखक को एक विशिष्ट आयाम देते हैं, अज्ञेय में अन्ततः अपने 'मैं' के इर्द-गिर्द चक्कर खाकर ख़त्म हो जाते हैं। हमें आश्चर्य होता है कि अपनी परम्परा से सम्पन्न होने पर भी—और उसके बावजूद—अज्ञेय ने कभी आलोचनात्मक, क्रिटिकल दृष्टि से उस 'आधुनिकता' की जाँच-पड़ताल नहीं की, जो पिछले तीस वर्षों से एक लेखक के लिए बोझ, दबाव और चुनौती की तरह प्रस्तुत होती रही है,

न ही दूसरी तरफ़ स्वयं आधुनिक दृष्टि से उन्होंने अपनी जातीय परम्परा का मुखर विवेचन और परीक्षण ज़रूरी समझा, जो वह पश्चिमी संस्कृति के अपने ज्ञान और अनुभव के कारण कर सकते थे। वह उन बहुत कम हिन्दी लेखकों में हैं, जो एक साथ अपनी परम्परा के प्रति संवेदनशील और पश्चिमी साहित्य के प्रति सजग रहे हैं। यह बात इसलिए भी अखरती है कि स्वयं अज्ञेय के समकालीन बुद्धिजीवियों ने—मैक्सिको में पाज़, अल्ज़ीरिया में फेनन (यदि हम तथाकथित 'तीसरी दुनिया' के लेखकों तक अपने को सीमित रखें) ने इन्हीं समस्याओं के सन्दर्भ में अपने 'मैं,' अपनी जातीय अस्मिता, स्वयं अपने साहित्य-कर्म को परिभाषित करना चाहा था। हिन्दुस्तान में यह काम सिर्फ़ राजनीति में हुआ—गांधी और उसके बाद लोहिया के कर्म-चिन्तन में—साहित्य इससे बिलकुल अछूता और सूना पड़ा रहा। इन प्रश्नों के अभाव में ही अज्ञेय और प्रगतिवादियों के बीच बहस—व्यक्ति-स्वातंत्र्य और समूहवाद के बीच सैद्धान्तिक द्वंद्व—आज इतना सरलीकृत, अमूर्त और अप्रासंगिक जान पड़ता है। इस बहस में अज्ञेय के विचारों से सहमत होते हुए भी बार-बार एक अजीब असन्तोष का अनुभव होता है, मानो हम दुराग्रहों, सिद्धान्तों और अहं की कुहेलिका में फँसकर भारत के केन्द्रीय सांस्कृतिक संकट की समस्याओं से कतरा रहे हों—समस्याएँ जो न सिर्फ़ 'व्यक्ति स्वातंत्र्य' में सिकोड़ी जा सकती हैं, न समाजवाद के जादुई मंत्र और फ़ॉर्मूले से सुलझाई जा सकती हैं।

और तब मुझे अपने असन्तोष का कारण मालूम होता है—अज्ञेय अधिकांश समय 'मैं' से उठकर 'अन्य' की ओर जाते हैं, अन्य से मुड़कर 'मैं' की ओर। 'मैं' हमेशा सुसंस्कृत, सतर्क और शालीन है; 'अन्य' हमेशा उच्छाड़, ग़लत और हास्यास्पद। इस 'लड़ाई' में अज्ञेय हमेशा जीत जाते हैं, बिना यह जाने कि जिस 'अन्य' का उन्होंने निर्माण किया है, वह उनके 'मैं' का ही अँधेरा पक्ष है। इस आदर्श 'मैं' और क्षुद्र 'अन्य' के बीच की धरती पर उनकी निगाह कम ही पड़ती है,

और जब पड़ती भी है, तो भी वह इस धरती की धूल-गर्द, इतिहास की लौहवत् पदचाप, सृजन-कर्म का आधुनिक संकट, ख़ास हिन्दुस्तानी बुद्धिजीवी की यातनामय विडम्बनाओं से अपना आँचल बचाए रखते हैं। न तो उनका 'मैं' इतना आत्म-आलोचनात्मक है, अपने को तार-तार कर देनेवाला निर्मम, निष्पक्ष 'मैं' जिसके क्षत-विक्षत कवच के पीछे हम उनकी अन्तरात्मा देख पाएँ, जिसके हर स्पन्दन में 'बाहर' की धमनी धड़कती है, न उनका 'अन्य' ऐसा है, जो इतिहास के कुरुक्षेत्र में, ख़ास अपने समय के धुआँधार नैतिक द्वंद्वों के बीच एक तात्कालिक विश्वसनीयता, एक कसौटी, एक प्रामाणिक परिप्रेक्ष्य बन सके। वात्स्यायन जी की हर बात महत्त्वपूर्ण है, चाहे वह भाषा के बारे में हो या आज की राजनीतिक संस्कृति के सम्बन्ध में, किन्तु जिस बौद्धिक कोण से वह बात उठाते हैं, उसमें किसी तरह का मानवीय लगाव, कोई नैतिक परेशानी, कोई तीखा तात्कालिक 'स्टेक' नहीं मिलता; और तब मुझे लगता है कि जिस तरह पेंटिंग और कविता में केवल रंग या शब्द अपने में कोई महत्त्व नहीं रखता, जब तक वह अपनी उचित, सही 'स्पेस' से नहीं बोलता, उसी तरह किसी लेखक की वाणी तब तक सत्य की खनक नहीं प्राप्त करती, जब तक लेखक स्वयं एक ऐसी स्पेस, एक ऐसी जगह नहीं चुनता, जहाँ से उसके शब्द, उसकी दृष्टि, उसके आग्रह, शाश्वत की सांसारिकता और संसार का अकेलापन एक साथ ही अपने युग के चेहरे पर अंकित नहीं कर जाते।

अकेलापन! सम्भव है, अज्ञेय ने अपने 'मैं' के इस अकेलेपन में ही अपनी 'स्पेस' को खोजना चाहा है। यह अकेलापन ओढ़ा हुआ नहीं है, दिखावटी नहीं है। इसका एक छोर यदि अज्ञेय की आत्मसुरक्षा से जुड़ा है,

तो दूसरा छोर हिन्दी साहित्य के उस भयावह वातावरण से बँधा है—जिसमें अज्ञेय ने अपने सर्वश्रेष्ठ वर्ष गुज़ारे हैं। शायद ही किसी लेखक ने अपने ऊपर इतने मूढ़, वैमनस्यपूर्ण, कर्कश प्रहार झेले हों, जितना अज्ञेय ने। एक समय था, जब उन्हें फ्रायड और लॉरेंस का 'नक़लची' अनुयायी बताया गया—'मनोवैज्ञानिक ग्रंथियों का शिकार', (ख़ास कर उन मार्क्सवादी आलोचकों ने, जिन्होंने न फ्रायड पढ़ा था, न लॉरेंस और शायद मार्क्स भी नहीं), फिर 'शीतयुद्ध' के दिनों में वह 'अमेरिकी एजेंट' घोषित किये गए, बाद के वर्षों में उन्हें 'गिराने' के लिए समीक्षकों ने बेचारे मुक्तिबोध को अस्त्र बनाया—वही मुक्तिबोध, जो अपने जीवनकाल में इतने अधिक उपेक्षित बने रहे।

जब किसी साहित्य में सार्थक, जीवन्त और संयत समीक्षा-पद्धति मुरझाने लगती है, तो उसके साथ अनिवार्यतः एक परजीवी वर्ग, एक साहित्यिक माफ़िया पनपने लगता है—एक तरफ़ विश्वविद्यालयों के साहित्यकार समीक्षक, दूसरी तरफ़ 'मेरे हमदम, मेरे दोस्त' जैसे अक्खड़, अखाड़ेबाज़ आन्दोलनकर्ता, तीसरी तरफ़ साप्ताहिक दैनिकों में नौकरी करनेवाले लेखक-पत्रकार। इन लोगों का साहित्य और संस्कृति के मूल्यों से सरोकार नहीं, किन्तु पिछले वर्षों में इनके हाथों में एक छद्म क़िस्म की ताक़त जमा होती गई है। एक तरह से भारतीय राजनीति की निर्मूल और मूल्यहीन सत्तावादिता जीवन के हर क्षेत्र को दूषित कर गई है; यह आश्चर्य की बात होती, यदि साहित्य इससे अछूता रह जाता। समकालीन हिन्दी साहित्यकार संस्कृति से अपने को जोड़कर राजनीति में इस अनैतिक, अनधिकार हस्तक्षेप को रोक सकता था। इसके विपरीत हुआ यह कि स्वयं साहित्य संस्कृति से कटकर राजनीति के सत्तामत्त मतवादी दबाव के आगे घुटने टेकने लगा।

ऐसी दम घोंटनेवाली स्थिति में साहित्यकार का अकेलापन पलायन नहीं, स्वयं इस स्थिति का विरोध, एक निजी प्रोटेस्ट, एक चुनौती भरा

अस्वीकार हो सकता है, होना चाहिए, ऐसा मैं मानता हूँ। अज्ञेय के अकेलेपन को हम केवल हिन्दी के इस वाचाल, अर्थहीन, मरुस्थली सन्दर्भ में ही आँक सकते हैं। हिन्दी के अधिकांश पत्रकार समीक्षकों की मुखरता के पीछे जो विवेकहीन, अर्थहीन शब्दों का घटाटोप है, उसे स्वयं लेखक कवि के अलगाव में सिमटा हुआ 'शब्द' तोड़ सकता है। साहित्य में सृजनात्मक बोध और कलात्मक संवेदना को बचाना, स्वयं साहित्य को बचाने की एक नैतिक चुनौती बन गया है। अज्ञेय एक लेखक के नाते इस चुनौती को स्वीकार करते हैं। इन पुस्तकों की एक बड़ी सार्थकता शब्द की उस गरिमा में निहित है, जो भीतर के मौन और मनन से फूटकर अपनी विशिष्ट, निजी खोज को रेखांकित करती है। मुश्किल तब आती है, जब अज्ञेय स्वयं अपने इस 'अकेलेपन' के प्रति ज़रूरत से ज़्यादा सजग हो जाते हैं, उसे एक विवशता न मानकर, आभूषण समझने लगते हैं, मानो वह दुनिया को दिखाकर बार-बार यह कहना चाहते हों—देखो, मैं तुमसे कितना अलग-थलग रह सकता हूँ। इससे संकोच और खीज, दोनों ही होती है। यह नहीं कि अज्ञेय के अकेलेपन की सच्चाई पर सन्देह होता है, वह सिर्फ़ थोड़ा-सा अवमूल्यित हो जाता है। अवमूल्यित सिर्फ़ इसलिए नहीं होता कि लेखक स्वयं उसे दर्शाता है—बल्कि एक गहरे मूल बुनियादी अर्थ में भी—जब हम पाते हैं कि अज्ञेय ने अपने इस अकेलेपन की पवित्रता को अक्षुण्ण रखने के लिए किसी भी सरकारी पुरस्कार, ओहदे, बड़ी अख़बारी नौकरी को अस्वीकार नहीं किया। राजमार्ग ने उन्हें न चुना हो, स्वयं उन्होंने राजमार्ग पर चलने में—जब कभी उन्हें ऐसा अवसर मिला हो—कोई अनिच्छा या नैतिक आपत्ति दिखाई हो, ऐसा उनके जीवन-कर्म में देखने को नहीं मिलता—कहीं ऐसा नहीं दिखता कि अकेलेपन ने उन्हें दुनिया के प्रलोभनों से अलग—स्वयं अपने लेखन में ही सन्तुष्ट होना सिखाया हो। वह दूसरों की यशलिप्सा की खिल्ली उड़ा

सकते हैं (देखिए, भारती जी के पद्मश्री मिलने पर उनका व्यंग्यात्मक मुक्तक), स्वयं अपनी महत्त्वाकांक्षाओं के खोखलेपन पर नहीं हँस सकते। वर्जीनिया वुल्फ़ ने एक समय किसी सरकारी सम्मान को अस्वीकार करते हुए अपनी डायरी में लिखा था : "मैं सिर्फ़ अकेले में रहना चाहती हूँ...। जिस दिन सम्मानों की तरफ़ भागूँगी, लिखना बन्द कर दूँगी।"

ये शब्द अज्ञेय के लिए—उनके समूचे अकेलेपन के बावजूद—कितने पराये जान पड़ते हैं। यह मानो स्वयं अपने स्वच्छ एकान्त के आगे—कुछ छोटे-से पड़ जाते हैं। "मैं अकेलापन चुनता नहीं, स्वीकार करता हूँ।" अज्ञेय ने लिखा है : यह स्वतंत्र स्वीकृति ही उन्हें आत्मकेन्द्रित होने से बचा लेती है। अज्ञेय अहंसम्मोहित भले ही हों, आत्मकेन्द्रित नहीं हैं, जिस अर्थ में प्रगतिवादियों ने उन पर आरोप लगाया है। मुझे यह आरोप हमेशा ग़लत और अर्थहीन जान पड़ता है। अज्ञेय में दूसरों तक पहुँचने की गहरी ललक, सम्प्रेषणीयता में अदम्य विश्वास है जो उनकी कविताओं में एक अजीब तरह की चमकीली ऋजुता, एक तरह की सहज उच्छलता, गहन विचारों के बावजूद एक आत्मविश्वासी हल्कापन ले आता है। वह दुरूह हो सकते हैं, अस्पष्ट नहीं और दुरूहता भी कभी श्रमसाध्य नहीं होती। "लेखक होने के नाते दूसरे तक पहुँचना—उसके भीतर पैठकर उसे अपने भीतर पैठने देना—पैठाना—मैंने अनिवार्य माना है।" आज के प्रचारवादी युग में जहाँ—सम्प्रेषणीयता की क़ीमत शब्दों को अवमूल्यित करके चुकानी पड़ती है, वहाँ अज्ञेय अपनी भावनाओं को अक्षुण्ण रखते हुए भी—एलीट मनोवृत्ति और 'सामान्य आदमी' के वल्गर सरलीकरण से ऊपर उठकर कलात्मक सम्प्रेषणीयता की चुनौती का सामना कर सके, यह उनकी साहसपूर्ण उपलब्धि है। उनके भीतर एक अद्‌भुत आत्मसंयम है—जो उनके रोमांटिक भाव-बोध को भी एक सीमा बाद विगलित नहीं होने देता, बिखरने नहीं देता। यह क्लासिक क़िस्म का सौष्ठव उनके रोमांटिक रुझानों को—स्वयं 'रोमांटिक' शब्द

को एक नया संस्कार देता है। आधुनिकता और यथार्थवादिता की धारा में बहते हुए जहाँ आलोचकों ने 'रोमांटिक' शब्द को ही विकृत और कला से बहिष्कृत करना चाहा है, वहाँ अज्ञेय ने उसे रोमानी प्रवृत्ति से अलग करके एक ऐसे अनुभव के साथ जोड़ा है, जो छायावादी परम्परा को एक नया सन्दर्भ और आयाम देता है।

किन्तु अज्ञेय का रोमांटिसिज़्म शमशेर और मुक्तिबोध से बहुत भिन्न है। उनका 'मैं' शमशेर का कवि नहीं, जो दुनिया में अपने 'होने' की प्रसव-पीड़ा भोगता है, ख़ुद उसमें लय होना चाहता है ताकि अपने खुरदुरे, बेलौस अस्तित्व के लिए कोई लय, कोई रंग, कोई राग हासिल कर सके। न अज्ञेय की दुनिया मुक्तिबोध की दुनिया की तरह इतनी भयावह, भीमकाय और घुमावदार है, जो स्वयं कवि के 'मैं' पर चोट करती है, नाख़ूनों से खरोंचती है, लहूलुहान करती है। अज्ञेय निरीह नहीं हैं, वलनरेबल नहीं हैं; वह अपने को, अपनी कविता को बचाने की कला जानते हैं। उनकी कोई कविता कभी इतनी अटपटी नहीं होती, जितनी मुक्तिबोध की कुछ कविताएँ हो जाती हैं, किन्तु वह अपनी दुनिया को छोड़कर उस 'अँधेरे में' भी नहीं जाते जहाँ कविता एक अद्भुत मिथक शक्ति प्राप्त कर लेती है, जहाँ कविता का जोखिम ही कविता के सत्य को नापने का यंत्र बन जाता है। अज्ञेय में यदि अपनी दुनिया को झेलने की शक्ति है, तो इसलिए कि वह अपनी दुनिया को रचने की कला जानते हैं, एक ऐसा कवच और कुशन, जिस पर प्रहार पड़ते हैं तो खाल थरथराती अवश्य है, अपने को घायल नहीं होने देती। स्वयं अज्ञेय के शब्दों में : "मैं अपनी दुनिया में रहने का आदी हूँ; और गहरे में कहीं जानता और मानता आया हूँ कि वह दुनिया मैं ही बनाता हूँ, मैंने ही बनाई है, मैं ही गिराऊँगा।" और यह लिखने के बाद उन्हें तुरन्त बोध होता है कि उन्होंने स्वयं अपने 'अहं' की सबसे सही परिभाषा दे दी है, इससे उन्हें अपनी दुनिया की परिहार्यता या अपने 'मैं' की सीमाओं पर

क्लेश नहीं होता, सिर्फ़ इसीलिए होता है कि दूसरे लोग इसे क्या कहेंगे; तुरन्त इन वाक्यों के बाद वह लिखते हैं : "इसलिए लोग अहंवादी या यथार्थवादी कहते हैं, तो क्लेश भले ही हो, आश्चर्य नहीं होता।"

यह अज्ञेय के रोमांटिसिज़्म की घोर सीमा है, जहाँ वह मुड़कर अपनी दुनिया पर आलोचनात्मक दृष्टि नहीं डाल पाते ख़ुद उसमें प्रश्न-चिह्न नहीं लगाते। कौन-सा ऐसा लेखक है, जो अपनी दुनिया ख़ुद नहीं बनाता और मिटाता? किन्तु बनाने की प्रक्रिया में जो मोह-माया जागती है, मिटाने पर उसकी यंत्रणा कितनी विध्वंसकारी हो सकती है! ख़ुद अपने को इस विध्वंस के बीच देख पाना—हर महत्त्वपूर्ण लेखक इस यात्रा से गुज़रता है और ठीक इसी बिन्दु पर लेखक का 'आधुनिक बोध' पुराने रोमांटिक कवि से अलग हो जाता है, जो अपनी दुनिया को आदर्श और उदात्त बनाकर ही कटु यथार्थ का अतिक्रमण कर सकता था। आधुनिकता की यह मजबूर, अभिशप्त आत्मचेतना ही है जिसके परिणामस्वरूप लेखक केवल अपनी दुनिया को ही नहीं मिटाता, स्वयं अपने 'मैं' को भी मिटाना चाहता है, जो एक सुर्ख़, ज्वरग्रस्त आँख-सा उसके और दुनिया के बीच चमकता रहता है और जब वह उसे सम्पूर्णतया मिटा देता है, तभी वह आधुनिक बोध के आत्मघाती पाप और ज्वर से भी छुटकारा पा लेता है। पूरी तरह से 'अन्धा' होने पर ही वह सम्पूर्ण रूप से देख सकता है। क्या अज्ञेय इस आत्मसंहारी अर्थ में 'आधुनिक' हो पाए हैं?

यह नहीं कि अज्ञेय अहं के आलोक-मंडित दायरे के बाहर नहीं देखते—समाज की शायद ही कोई जीवन्त समस्या हो—राजनीति का दूषण, भाषा और शब्द की मर्यादा, काल का रहस्य, आधुनिक संस्कृति के अन्तर्द्वंद्व—अनेक विषयों पर उन्होंने अपनी पैनी, मर्मभेदी दृष्टि डाली है। इसके बावजूद उनकी इन पुस्तकों को पढ़ते हुए बराबर खीज की किरकिरी चुभती है। क्या है इस खीज का कारण? क्या अज्ञेय, अन्ततः सब कुछ

कहने के बाद, उस हद पर आकर रुक जाते हैं, जहाँ कलाकार का चिन्तन शुरू होता है—केवल समस्याओं पर विचार-सूक्तियाँ—नहीं—बल्कि आत्मावलोकन, जो स्वयं अपनी सृजन-गुत्थियों को सुलझाते हुए 'पुराने समाधानों' को अपने अनुभवों की चुभन और चमक दे जाता है? अज्ञेय को मालूम है कि समाज और संस्कृति का संकट स्वयं व्यक्ति के बीच मौजूद है। उन्होंने उन 'समूहवादी' समस्त छलावों और भुलावों को भेदा है, जहाँ व्यक्ति के पतन में स्वयं मनुष्य तिरस्कृत हुआ है; इसलिए शिकायत यह नहीं है कि वह 'व्यक्तिवादी' हैं—बल्कि यह कि वह इस निर्मम हद तक व्यक्तिवादी नहीं हो पाते, जहाँ स्वयं कलाकार का व्यक्तित्व आत्मविश्लेषण की वस्तु बन जाता है—निरीह, कातर, हास्यास्पद, लहूलुहान, चिन्तक का विषय नहीं, बल्कि स्वयं जीने का कच्चा माल, आत्मसुरक्षित सलवटों में सिमटा नहीं, तार-तार उघड़ा हुआ, विडम्बनाओं की धूल-कीचड़ में सना हुआ; गर्वीला, मदमाता दीप नहीं, ख़ुद आग में झुलसा हुआ कलाकार का 'मैं' जो "समय का अतिक्रमण नहीं करता, बल्कि समय का निम्नतम ग़ुलाम है, एक बदहवास-सा कुत्ता, जो ज़िन्दगी-भर विभिन्न गन्धों की टोह में भटकता रहता है, सौन्दर्यवादी लेकिन सौन्दर्य के तीर द्वारा बँधा हुआ शिकार भी...एक ऐसा प्राणी जो एक ही समय में दूसरों के विरुद्ध और अपने ख़िलाफ़ हो सकता है। तड़पता हुआ, नाराज़, विक्षुब्ध, किन्तु अपने अन्तर्विरोधों के प्रति हर क्षण सचेत। कलाकार से यह माँग करना बहुत क्रूर चीज़ है—वह उतनी ही क्रूर और बुनियादी माँग है जितनी—मृत्यु" (एलियास कैनेटी—'कॉन्शस ऑफ़ वर्ड्स')।

क्रूर लेकिन मृत्यु की तरह ही अनिवार्य जिसके बिना लेखक सब कुछ हो सकता है—विचारक, चिन्तक, समाज-सुधारक—लेकिन कलाकार नहीं। मुझे यदि असन्तोष होता है तो इसलिए कि अज्ञेय अपने से यह माँग नहीं करते, शायद उसे ज़रूरी भी नहीं समझते। उनकी इन पुस्तकों में 'अर्जित किये हुए सत्य' अवश्य मिलते हैं, स्वयं सत्य को

तलाशने की अन्तर्पीड़ा, पिपासा, सन्देह, मन को घुलाती हुई मैल, जो भीतर के सूरज को बार-बार अपने झूठों से छिपा लेती है। इन झूठों का कातर सत्य, उस सत्य को मथनेवाला क्रूर, आत्मवेधी विश्लेषण नहीं मिल पाता। इस विश्लेषण के अभाव में उनकी अपनी पीड़ा भी एक निजी थाती—एक भोग की वस्तु बनकर रह जाती है। जिस यातना और अकेलेपन की चर्चा अज्ञेय इतनी करते हैं, वह आगे बढ़कर हमें साझा करने में उत्प्रेरित नहीं करती, आत्मा की टीस बनकर टिपटिपाती नहीं, झकझोरती नहीं, सिर्फ़ अज्ञेय की अर्जित, मूल्यवान, प्रेशस अनुभूति बनकर रह जाती है; प्रेशस अनुभवों का संचय, जो सच लगते हैं, सच हैं भी, लेकिन अपनी सच्चाई हमारे भीतर भोंकते नहीं; हम उनकी बौद्धिक तर्कपूर्ण साफ़-सुथरी अवधारणाओं को देखते ज़रूर हैं, सहमत भी होते हैं—प्रसन्न होते हैं कि हिन्दी साहित्य में ऐसे सोच-विचार कम मिल पाते हैं—लेकिन वहाँ रुकते नहीं, मुँह मोड़ लेते हैं, उनकी तरफ़ फिर-फिरकर नहीं लौटते। आँखों से ओझल होते ही वे मुरझाने लगते हैं—अपने पीछे ज़रा-सी चुभन, एक दरार, कोई कृतज्ञताबोध नहीं छोड़ जाते।

और यह दुर्भाग्य है—क्योंकि हमारे युग में ख़ास कर हिन्दी के चिन्तन साहित्य में—अज्ञेय का लेखन महत्त्वपूर्ण है। नारों और अति सरलीकृत फ़ॉर्मूलों के घटाटोप वातावरण में वह बहुत कुछ देते हैं, जो एक बार फिर हमारा विश्वास मनुष्य के विवेक और शब्द की गरिमा में प्रतिष्ठित करता है। यदि आज हम उसकी अवहेलना करते हैं, उसे अप्रासंगिक मानकर आगे बढ़ जाते हैं, तो यह न केवल अज्ञेय की सीमाओं पर क्रूर टिप्पणी है, बल्कि उस अभागी मनःस्थिति पर भी, जिसमें आज हम जीते हैं।

समग्र मानवीय दृष्टि : रेणु

जब किसी कृति पर विभिन्न प्रकार की विरोधी धारणाएँ व्यक्त की जा चुकी हों—यहाँ तक कि उसकी आड़ लेकर वैयक्तिक स्तर पर अप्रासंगिक वाद-विवाद उठ खड़े हुए हों—तब ऐसी स्थिति में उस कृति पर सहज रूप से कुछ भी कह पाना कठिन हो जाता है। पुस्तक के सम्बन्ध में हमारी मौलिक प्रतिक्रियाओं के साफ़-सुथरे आईने पर बहस की धूल जमा हो जाती है और हम 'आलोचना के मानदंडों' से इतने अधिक संत्रस्त हो जाते हैं कि हमें स्वयं अपनी अनुभूतियों पर अविश्वास होने लगता है। अतः यह आकस्मिक नहीं कि 'परती : परिकथा' पर मेरे अनेक साहित्यिक मित्रों ने समय-समय पर अपनी राय बदली है (या एक ही समय दो परस्पर-विरोधी धारणाएँ व्यक्त की हैं!)। यह कहना कठिन है कि ये 'विचार-परिवर्तन' हमेशा 'परिकथा' के आत्यंतिक महत्त्व के आधार पर ही हुए हों। यह उलझाव किसलिए?

ज़ाहिर है कि इसका कारण 'परिकथा' की कथावस्तु या शिल्प का उलझाव नहीं है, क्योंकि प्रस्तुत पुस्तक के सम्बन्ध में जो भी मतभेद रहा हो, उस पर दुरूहता या अस्पष्टता का आरोप शायद ही किसी ने लगाया है। वस्तुतः इस उलझाव का कारण 'परिकथा' न होकर हमारी आज की आलोचना-पद्धति, साहित्य के तथाकथित मानदंडों में सन्निहित है। 'परती : परिकथा' के मूल्यांकन में उसकी प्रशंसा और भर्त्सना करते हुए जो अतिरंजित विशेषण प्रयोग किये गए हैं, उसे देखकर लगता है मानो उसके गुण-दोषों का तो विश्लेषण कम हुआ है, आलोचकों ने उसे अपने सैद्धान्तिक मानदंडों के अमूर्त चौखटों (एब्सट्रैक्ट कैटेगरीज़) में फ़िट करने का प्रयत्न ही अधिक किया है।

'परती : परिकथा' हिन्दी उपन्यासों की परम्परागत पद्धति से भिन्न है (हालाँकि 'मैला आँचल' के बाद रेणु के कथा-शिल्प में कोई विशेष परिवर्तन नहीं दिखाई देता)। उसके प्रति हमारा दृष्टिकोण भी पुरानी लीकों से हटकर होगा। समूचा उपन्यास पढ़ जाने के बाद लगता है, जैसे हम किसी गाँव का अद्‌भुत विचित्र 'कार्निवल' देख आए हैं। अनेकानेक रंगों, गन्धों, सुरों की हहराती धारा हमारे बीच बहकर आगे बढ़ गई है; अनेक व्यक्तियों की असंगतियों, सुख-दुःख, हास-विलास से हमने अपने को संपृक्त किया है; किन्तु ये चेहरे, रंग और सुर अपने में महत्त्वपूर्ण नहीं हैं—महत्त्वपूर्ण है इस 'कार्निवल' की गतिमयता, अविरल प्रवाह की कलकल, हवा में उड़ते रंगों की आभा, एक मायावी लय जो समस्त व्यक्तियों और घटनाओं के बीच गुज़रती हुई हमारे मस्तिष्क और हृदय को आलोड़ित कर देती है।

कहा गया है कि 'परती : परिकथा' में केवल कच्चा माल है, उसमें किसी प्रकार का जीवन-दर्शन नहीं, कोई शृंखलाबद्ध योजना नहीं। उसमें किसी केन्द्रीय सूत्र का सर्वथा अभाव है। सहसा मन में प्रश्न उठता है—क्या ये तत्त्व 'मैला आँचल' में विद्यमान हैं? यदि नहीं, तो क्या हम यह

मान लें (जो हमें मानना चाहिए, यदि हमारी समीक्षा-पद्धति तर्कसंगत है) कि 'मैला आँचल' उपन्यास के स्वीकृत मानदंडों पर खरा नहीं उतरता?

लगता है, अब तक 'मैला आँचल' की केवल भावुकतापूर्ण प्रशंसा की गई है। उसके द्वारा रेणु ने हिन्दी उपन्यास के रचना-विधान और कथाशिल्प के क्षेत्र में जो परिवर्तन किये हैं, नये मोड़ लिये हैं, उनके आधार पर हमने अपने रूढ़िगत मानदंडों को परिवर्तित या परिमार्जित करना उचित नहीं समझा। यदि ऐसा किया होता, तो रेणु के कथा-शिल्प के सम्बन्ध में जो बहस 'मैला आँचल' पर समाप्त हो जानी चाहिए थी, उसे नये सिरे से 'परती : परिकथा' पर आरम्भ करने की आवश्यकता अनुभव न होती।

औपन्यासिक कला-शिल्प, कथा-संयोजन तथा चरित्र-गठन के प्रति—हर सजग लेखक की तरह—रेणु का अपना विशिष्ट दृष्टिकोण और आग्रह है, जो 'मैला आँचल,' 'परती : परिकथा' तथा उनके आगामी उपन्यासों में भी अवश्य मौजूद रहेगा, इस पर आपत्ति करना हर कलाकार के विशिष्ट कलात्मक व्यक्तित्व को ही अस्वीकार करना होगा। पहले उपन्यास की कथावस्तु, पात्रों की मानसिक उथल-पुथल, समस्याएँ तथा संवेदनाएँ दूसरे उपन्यासों में बदल सकती हैं, उनके प्रति लेखक का विशिष्ट कलात्मक आग्रह अथवा शिल्पगत दृष्टिकोण नहीं (जब तक लेखक उसे स्वयं बदलने की आवश्यकता महसूस न करे)। इस दृष्टि से 'परती : परिकथा' को 'मैला आँचल' की पुनरावृत्ति कहना उतना ही निरर्थक जान पड़ता है, जितना यदि हम वर्जीनिया वुल्फ़ के 'टू द लाइट हाउस' को केवल इस आधार पर 'मिसेस डे लोवे' की पुनरावृत्ति कहें कि दोनों उपन्यासों में एक ही प्रकार का कथा-शिल्प दिखाई देता है। क्या यह बात भी समझाकर कहनी होगी कि रेणु ही दोनों उपन्यासों के रचयिता हैं, अतः दूसरे उपन्यास में कम-से-कम उसकी पुनरावृत्ति होना अनिवार्य है?

किन्तु जहाँ एक ओर दोनों उपन्यासों के रूप-विधान और रचना-गठन के बाह्य तत्त्व एक-दूसरे से मिलते-जुलते हैं, वहाँ 'परिकथा' का सामाजिक परिवेश न केवल 'मैला आँचल' से अधिक व्यापक है, बल्कि उसका स्वरूप और आन्तरिक प्रक्रियाएँ भी मूलतः भिन्न दिखाई देती हैं। राष्ट्रीय-आन्दोलन का ज्वार उतरने के बाद स्थायित्व के जिस वातावरण में परानपुर का ग्राम्य-जीवन चित्रित किया गया है, उसमें अनेक अन्तर्विरोधी तत्त्व विराजमान हैं, जो विभिन्न वर्गों और राजनीतिक दलों में एक गहरा तनाव-सा उत्पन्न करते हैं। इस तनाव के जो बीज 'मैला आँचल' में राष्ट्रीय आन्दोलन की उच्छल प्राणधारा तले दबे-से रह गए थे, वे 'परिकथा' में अधिक स्पष्ट और विकसित रूप में प्रकट हुए हैं। लैंड-सर्वे, कोसी प्रोजेक्ट, सर्वोदय इत्यादि आन्दोलन जहाँ इस तनाव को अधिक प्रखर और सुनिश्चित रूप प्रदान करते हैं, वहाँ दूसरी ओर वे एक विशाल 'सीसमोग्राफ़' के रूप में भी प्रयुक्त किये जा सकते हैं, जिसके द्वारा हम परानपुर के सामाजिक धरातल की परतों के भीतर छिपी वैयक्तिक स्वार्थों की टकराहट, राजनीतिक दलों की अवसरवादिता और उच्च आदर्शों के पीछे दबी क्षुद्र, ओछी लिप्साएँ देख सकते हैं।

किन्तु इस कलह-क्लेश के बावजूद परानपुर में भी पूर्णिमा का चाँद उगता है। लाजमयी और मलारी का गीत-स्वर परती की सफ़ेद बालू पर पंख फड़फड़ाता हुआ उड़ता है। पाँचों कुंडों में पाँच चाँद रात-भर झिलमिलाते हैं, शरद की चाँदनी में पहाड़ से उतरनेवाले पक्षियों की पहली पाँत उतरती है—चाँदनी की यह स्वप्निल संगीतमयता 'परिकथा' में आद्योपान्त छाई रहती है।

इस तनाव और उल्लास के दो कूलों के बीच परानपुर के निवासियों की जीवनधारा अविरल रूप से प्रवहमान है। भवेशनाथ के कैमरे के 'व्यूफ़ाइंडर' से हम परानपुर गाँव का केवल धूसर, वीरान प्रान्तर, बंध्या धरती और बालुचरों की अन्तहीन शृंखला देख सकते हैं।

वह सचमुच कैमरे की आँख है। किन्तु परती के आँचल तले पलते जनपद को, गाँवों के लोगों की आत्मा को कैमरे की आँख नहीं देख सकती, कलाकार की अन्तर्दृष्टि ही वहाँ तक पहुँच पाने में समर्थ हो सकती है।

रेणु की यह दृष्टि उपन्यासकार की दृष्टि है जो छोटी-छोटी घटनाओं को अद्‌भुत नाटकीयता प्रदान करती है। इन घटनाओं के माध्यम से रेणु ने ठोस, जीवन्त कथा-पात्रों (फ़िक्शनल कैरेक्टर्स) की सृष्टि की है, और यह उनकी महत्त्वपूर्ण उपलब्धि है। साधारण, रोज़मर्रा की घटनाओं के महीन सूत्रों द्वारा कुछ गम्भीर सत्यों को उद्‌घाटित करना, उनके माध्यम से पात्रों की आकांक्षाओं और असंगतियों को अभिव्यक्त करना सचमुच एक कठिन समस्या है। हमेशा यह ख़तरा बना रहता है कि कहीं लेखक अपनी निरपेक्ष दृष्टि से च्युत होकर एक स्थूल, इतिवृत्तात्मक दृष्टिकोण न अपना ले। यह केवल हवाई ख़तरा नहीं है। पिछले वर्षों में हिन्दी उपन्यास का दुर्भाग्य ही यह रहा है कि लेखक अपने को 'सोशलॉजिस्ट' पहले समझता है—कलाकार बाद में। फिर चाहे उपर्युक्त दृष्टिकोण प्रच्छन्न रूप में मनोवैज्ञानिक अन्तर्द्वंद्वों द्वारा प्रदर्शित हो ('नदी के द्वीप') या सामाजिक विषमताओं के सम्बन्ध में लम्बी सैद्धान्तिक बहसों के रूप में ('बूँद और समुद्र', 'जयवर्धन')। यह एक अजीब 'कॉम्प्लेक्स' है, जिससे न्यूनाधिक मात्र में हर लेखक पीड़ित दिखाई पड़ता है। यथार्थ के प्रति यह विकृत, विक्टोरियन दृष्टिकोण अधिकांश उपन्यासकारों के कलात्मक व्यक्तित्व को कुंठित-सा कर देता है। बाहरी नियंत्रण (एक्सटर्नल रेजीमेंटेशन) का विरोध किया जा सकता है, क्योंकि हम उसके प्रति सजग हैं, किन्तु यथार्थ के प्रति यह 'सैद्धान्तिक' दृष्टिकोण एक अन्दरूनी विकार (इनर रेजीमेंटेशन) उत्पन्न करता है, जो स्थूल रूप से दिखाई नहीं देता, इसलिए और भी अधिक घातक है।

इस सन्दर्भ में रेणु से—एक कलाकार की हैसियत से—कोई जीवन-दर्शन प्राप्त करने की माँग करना सर्वथा अनुचित और असंगत जान पड़ता है। हमारी आलोचना-पद्धति की 'ट्रेजेडी' ही यह रही है

कि हम हर कलाकार से एक 'जीवन-दर्शन' की माँग करते हैं। एक उपन्यास (या कोई भी कलाकृति) हमारी अन्तर्दृष्टि की सम्भावनाओं को अधिक व्यापक और संवेदनशील बनाने में समर्थ हो सके—इसी में उसकी सार्थकता निहित है। उस व्यापक दृष्टि के सहारे हम अपना जीवन-दर्शन स्वयं खोज सकें—यह अलग बात है।

'परती : परिकथा' की सबसे बड़ी शक्ति शायद यही रही है कि सतही तौर पर हमें जहाँ बिखराव या विशृंखलता दिखाई देती है, उसके पीछे परानपुर की समस्त विशेषताएँ और असंगतियाँ, हर छोटे से छोटे प्राणी का दुःख-सुख, जीते-जागते, लड़ते-झगड़ते जीवित मनुष्यों की गाथा के दर्शन होते हैं। मुंशी जलधारीदास, लुत्तो, मलारी, सामबीत्ती, पीसी-जैसे उपेक्षित नगण्य पात्रों के व्यक्तिगत झगड़ों, नैतिक कमज़ोरियों और आह्लाद-उल्लास के बृहत् कैनवस पर रेणु ने ग्राम-जीवन का (एक मिनिएचर के रूप से) जो ठोस, संश्लिष्ट और विविध रंगों से गुम्फित चित्र प्रस्तुत किया है, वह अपने में अद्वितीय है। यहाँ तक कि भिम्मल मामा के अनर्गल प्रलाप द्वारा हम गाँवों के जिन मीठे-कड़वे सत्यों को देख पाते हैं, वे कदाचित् उन लम्बी, ऊबा देनेवाली सैद्धान्तिक बहसों से उपलब्ध नहीं कर पाते, जिनका बाहुल्य आज के अनेक हिन्दी उपन्यासों में दिखता है। ये चित्र इतने मांसल और उसकी समस्याएँ इतनी विश्वसनीय हैं कि कभी-कभी यह भ्रम होने लगता है कि वे स्वतःचालित हैं, उनके पीछे कोई 'चालकशक्ति' ही नहीं है। कलाकृति में यह भ्रम—इल्यूज़न—जिसके द्वारा हम 'चालकशक्ति' को भूलकर अपने को हाड़-मांस के जीवन्त प्राणियों के दुःख-सुख से एकीकृत कर सकें—शायद उसकी सबसे बड़ी सफलता है।

किन्तु इस सफलता के बावजूद क्या रेणु अपने को समस्त आग्रहों से मुक्त रखने में समर्थ हुए हैं? लगता है, जैसे जित्तन की सृष्टि करने में उनकी निरपेक्ष, कलात्मक दृष्टि लड़खड़ा गई है—वह उनके उपन्यास

की सबसे निर्बल कड़ी है। उपन्यासकार का प्राथमिक उद्देश्य जीवन्त, स्पन्दनशील पात्रों की सृष्टि करना है और उसमें रेणु को अत्यधिक सफलता प्राप्त हुई है, किन्तु यह उसका केवल 'प्राथमिक उद्देश्य' है, सम्पूर्ण उपलब्धि नहीं। (यह बात दूसरी है कि हिन्दी के अनेक प्रमुख उपन्यासकार इस 'प्राथमिक उद्देश्य' को प्राप्त करने में भी सफल नहीं होते।) किन्तु एक महान् लेखक इससे आगे जाता है—यथार्थ के प्रति एक गहन संवेदना तथा निर्वैयक्तिक और निरपेक्ष दृष्टिकोण की प्राप्ति के लिए अपने पूर्वग्रहों से जूझता है; आत्म-संघर्ष के इस ऊँचे स्तर पर ही वह सही अर्थों में स्रष्टा बन पाता है—कला की यह सम्पूर्ण उपलब्धि है।

जित्तन को रेणु की सहानुभूति प्राप्त हुई है। कलाकार ने उसके द्वारा अपनी संवेदनाओं को अभिव्यक्त करने का प्रयास किया है—यह अपने में बिलकुल उचित है। कथाकृति के किसी एक केन्द्रीय पात्र की समस्याओं और संवेदनाओं के द्वारा हर लेखक अपनी समस्याओं को चित्रित करने में स्वतंत्र है—टॉल्स्टॉय के 'पियेर' और 'लेविन' इसके जीते-जागते सफल उदाहरण हैं। किन्तु इसके लिए कलाकार को अनिवार्य रूप से दो शर्तें पूरी करनी चाहिए : पहली यह कि वह पूरी निर्ममता तथा तटस्थता से अपने इस 'केन्द्रीय पात्र' की निर्बलताओं, अन्तर्द्वंद्वों तथा मानसिक उलझनों को चित्रित करे—उसके केवल एक या दो पहलुओं को उजागर करने में ही अपनी सार्थकता न समझ ले। दूसरे—अन्य प्राणियों के प्रति वह उतना ही संवेदनशील रह सके, जितना वह अपने प्रिय पात्र के प्रति है।

कहना न होगा कि जित्तन के चरित्र-गठन में बहुत बड़ी सीमा तक रेणु इन दोनों शर्तों को पूरा करने में असमर्थ रहे हैं। लुत्तो से लेकर मक़बूल तक जितने भी प्रतिस्पर्धी पात्र हमारे सामने आते हैं, वे जीवन्त और स्पन्दनशील प्राणी होने के बावजूद जित्तन बाबू की तुलना में विकलांग, निकृष्ट और विकृत दिखाई देते हैं। जित्तन का जितना गहरा

लगाव 'ट्रैक्टर' से है, उतना ही शायद वह परानपुर की धरती से दूर है। उसमें अभिजात वर्ग का सन्तुलन है, जो लुत्तन-जैसे निम्नवर्गीय, स्वार्थपरक व्यक्तियों में लुप्त हो चुका है, किन्तु यह सन्तुलन आत्म-मंथन, मानसिक अन्तर्द्वंद्वों अथवा सत्य-असत्य के नैतिक प्रश्नों के अनिश्चय से उत्पन्न हुए हत्-आलोड़न का परिणाम नहीं है। वह तो जित्तन के चरित्र का 'एरिस्टो-क्रेटिक ट्रेट' है, जिसके आधार पर रेणु ने उसे धूल में सने लड़ते-झगड़ते प्राणियों के 'असन्तुलन' से उत्कृष्ट सिद्ध करने का प्रयास किया है।

रेणु ने जित्तन के इर्द-गिर्द जो स्वप्नजाल बुना है, उसके भीतर ताजमनी और इरावती-जैसी नारियों को गहन संवेदना के स्थान पर मिली है रेणु की कोरी भावुकतापूर्ण सहानुभूति, जिसके परिणामस्वरूप वे शरत् बाबू के नारी-पात्रों की पीली छायाएँ-सी दिखाई देती हैं। जित्तन के इस स्वप्नजाल पर मिसेज़ रोडवुड की डायरी के पन्ने भी टँगे हैं जो उपन्यास के उत्तरार्द्ध को अत्यन्त भावुकतापूर्ण, निर्बल और अविश्वसनीय बना देते हैं।

किन्तु इन कमियों और दोषों के बावजूद रेणु ने 'परती : परिकथा' में समाज के बदलते सन्दर्भ में व्यक्तियों की उत्तरोत्तर अधिक संश्लिष्ट होनेवाली मानसिक प्रक्रियाओं और नैतिक दबावों का जो चित्रण किया है, सामाजिक-राजनीतिक आन्दोलनों के सूत्रों में मनुष्य की जिन आकांक्षाओं और दुर्बलताओं को पिरोया है, वह अपने में सराहनीय है।

'परती : परिकथा' का 'बिखराव' रेणु के कथाशिल्प का एक विशिष्ट प्रयोग है, जो उन्होंने ग्राम्य जीवन के वैविध्यपूर्ण, सर्वांगीण और परिवर्तनशील मानवीय सम्बन्धों को अभिव्यक्त करने के लिए अपनाया है—यही कारण है कि उपन्यास का हर पात्र, चाहे थोड़े समय के लिए ही हमारे सम्मुख आए, हमारे मानस-पटल पर अपने व्यक्तित्व की अमिट छाप छोड़ जाता है। 'कार्निवल' के कोलाहल में हम उनकी आवाज़ों को,

लोगों की भीड़ में उनके चेहरों को आसानी से पहचान सकते हैं। हम उनके क्रियाकलापों को अन्य व्यक्तियों और घटनाओं के सन्दर्भ में आसानी से परख सकते हैं। उनके जीवन के सूत्र हवा में ही नहीं लटकते रहते—परानपुर की धरती के इतिहास से उनके जीवन का वैषम्य, सुख-दु:ख और संवेदनाएँ अन्तरंग रूप से जुड़ी दिखाई देती हैं। उनके भीतर 'टाइप' की समग्रता दिखती है, तो व्यक्तित्व का अलगाव भी मिलता है। अत: यह 'बिखराव' केवल एक शिल्पगत प्रयोग है। यदि वह उपन्यास में विशृंखलता या अराजकता न लाकर मानवीय सम्बन्धों को अधिक गहन और स्पष्ट रूप में अभिव्यक्त करने में समर्थ होता है, तो उसकी उपयोगिता असन्दिग्ध है। यह बात दूसरी है कि हम उपन्यास के क्षेत्र में एक ही प्रकार के 'यथार्थवादी' कथा-शिल्प को आदर्श मान बैठे हैं और उसके प्रति हमारा आग्रह इतना प्रबल हो कि उपन्यास के रचना-विधान की अन्य समस्त पद्धतियाँ हमें निरर्थक और लक्ष्यहीन दिखने लगें।

'परती : परिकथा' में बिखराव है—मातीस के किसी चित्र के रंगों का-सा बिखराव! सतही तौर पर देखने से कैनवस पर इधर-उधर बिखरे रंग के धब्बों के अतिरिक्त कुछ भी दिखाई नहीं देता। लगता है, जैसे इन धब्बों और टूटी-फूटी रेखाओं के पीछे कोई भी चालक मस्तिष्क नहीं है, सब कुछ बेडौल और अनगढ़-सा दिखता है। किन्तु ज़रा ध्यान से देखें तो इन्हीं रंग-बिरंगे धब्बों और अनगढ़ रेखाओं के बीच एक अद्‌भुत 'सिम्फनी' की संगीतमय धारा उमगती दिखाई देती है। यह 'सिम्फनी' और कुछ नहीं, परती की ही धूल-धूसरित, स्नेहसिक्त गाथा है, जो जीवन की गतिमयता के संगीत से स्पन्दित परानपुर के धूसर, वीरान, अन्तहीन प्रान्तर में दिन-रात बहती है। (1958)

मुझे याद है, यह लम्बा जुलूस था, जो इमरजेंसी से कुछ महीने पहले दिल्ली में निकाला गया था। जयप्रकाश जी सबसे आगे थे। हज़ारों लोग उनके पीछे उमड़े आ रहे थे। देश के कोने-कोने से लोग जुलूस में शामिल होने आए थे। मैं चलते-चलते अपनी पाँत भूल बैठा और अजनबियों के एक जत्थे में चला आया। साथ चलनेवाले सज्जन से पूछा कि वह कहाँ से आए हैं? 'बिहार से,' उन्होंने कहा और तब तुरन्त बिना कुछ सोचे हुए मैं उनसे पूछ बैठा, 'रेणुजी भी आए हैं?' उन्होंने गद्‌गद दृष्टि से मुझे देखा : 'नहीं, वह बीमार हैं। आ नहीं सके। आप उन्हें जानते हैं?'

मैं चुपचाप उनके साथ चलने लगा। 'आप उन्हें जानते हैं?' यह प्रश्न बहुत देर तक मेरे भीतर गूँजता रहा। मैं उनसे केवल दो-तीन बार मिला था, पर आज भी मैं आँखें मूँदकर उनका चेहरा हूबहू याद कर सकता हूँ—उनके लम्बे झूलते बाल, एक संक्षिप्त-सी मुस्कराहट, जो सहज और अभिजात सौजन्य में भीगी रहती थी। कुछ लोगों में एक राजसी, 'एरिस्टोक्रेटिक' गरिमा होती है, जिसका ऊँचे या नीचे वर्ग से सम्बन्ध नहीं होता—वह सीधे संस्कारों से सम्बन्ध रखती है। रेणुजी में यह अभिजात भाव एक 'ग्रेस' की तरह व्याप्त रहता था। किन्तु जिस चीज़ ने सबसे अधिक मुझे अपनी तरफ़ खींचा, वह उनका उच्छल हल्कापन था। वह छोटे-छोटे वाक्यों में संन्यासियों की तरह बोलते थे और फिर शरमाकर हँसने लगते थे। उनका 'हल्कापन' कुछ वैसा ही था जिसके बारे में चेख़व ने एक बार कहा था : "कुछ लोग जीवन में बहुत भोगते-सहते हैं—ऐसे आदमी ऊपर से बहुत हल्के और हँसमुख दिखाई देते हैं। वे अपनी पीड़ा दूसरों पर नहीं थोपते, क्योंकि उनकी शालीनता उन्हें अपनी पीड़ा का प्रदर्शन करने से रोकती है।"

रेणु ऐसे ही 'शालीन' व्यक्ति थे। पता नहीं, ज़मीन की कौन-सी गहराई से उनका हल्कापन ऊपर आता था, यातना की कितनी परतों को

फोड़कर उनकी मुस्कराहट में बिखर जाता था—यह जानने का मौक़ा कभी नहीं मिल सका।

वह अब नहीं हैं। मेरे लिए यह अब भी एक अख़बारी अफ़वाह है, जिस पर मैं विश्वास नहीं कर पाता। उनकी मृत्यु अभी तक मेरे लिए सत्य नहीं बनी है। मुझे हैरानी होती है कि उनकी बार-बार की बीमारी की ख़बर मुझे इस भयानक ख़बर के लिए तैयार नहीं कर पाई। हम कुछ मित्रों की बीमारी के इतने अभ्यस्त हो जाते हैं, जैसे उनकी कुछ जानी-पहचानी आदतों के—मृत्यु के साथ उनका सम्बन्ध बिठाना असम्भव और असहनीय जान पड़ता है। मुझे अपना दुःख भी असम्भव जान पड़ता है। जिस व्यक्ति को केवल दो-तीन बार देखा था, उसके न रहने से मुझे अपनी लिखने की दुनिया इतनी सूनी और सुनसान जान पड़ने लगेगी, मैंने कभी नहीं सोचा था।

अब सोचता हूँ, तो समझ में आता है, हमारी चीज़ों को चाहे बहुत लोग पढ़ें, किन्तु हम लिखते बहुत कम लोगों के लिए हैं। मैं जिन लोगों को ध्यान में रखकर लिखता था, उनमें रेणु सबसे प्रमुख थे। मैं हमेशा सोचता था—पता नहीं, मेरी यह कहानी, यह लेख, यह उपन्यास पढ़कर वह क्या सोचेंगे! यह ख़याल ही मुझे कुछ छद्म और छिछला, कुछ दिखावटी लिखने से बचा लेता था। कुछ लोग हमेशा हम पर सेंसर का काम करते हैं—सत्ता का सेंसर नहीं, जिसमें भय और धमकी छिपी रहती है—किन्तु एक ऐसा सेंसर, जो हमारी आत्मा और 'कॉन्शस', हमारे रचना-कर्म की नैतिकता के साथ जुड़ा होता है। रेणुजी का होना, उनकी उपस्थिति ही एक अंकुश और वरदान थी। जिस तरह कुछ साधु-संतों के पास बैठकर ही असीम कृतज्ञता का अहसास होता है, हम अपने भीतर धुल जाते हैं, स्वच्छ हो जाते हैं। रेणुजी की मूक उपस्थिति हिन्दी साहित्य में कुछ ऐसी ही पवित्रता का बोध कराती थी।

वह समकालीन हिन्दी साहित्य के संत-लेखक थे।

यहाँ मैं 'संत' शब्द का सबसे मौलिक और प्राथमिक अर्थों में इस्तेमाल कर रहा हूँ—एक ऐसा व्यक्ति, जो दुनिया की किसी चीज़ को त्याज्य और घृणास्पद नहीं मानता—हर जीवित तत्त्व में पवित्रता और सौन्दर्य और चमत्कार खोज लेता है—इसलिए नहीं कि वह इस धरती पर उगनेवाली कुरूपता, अन्याय, अँधेरे और आँसुओं को नहीं देखता, बल्कि इन सबको समेटनेवाली अबाध प्राणवत्ता को पहचानता है; दलदल को कमल से अलग नहीं करता, दोनों के बीच रहस्यमय और अनिवार्य रिश्ते को पहचानता है। सौन्दर्य का असली मतलब मनोहर चीज़ों का रसास्वादन नहीं, बल्कि गहरे अर्थ में चीज़ों के पारस्परिक, सार्वभौमिक, दैवी रिश्ते को पहचानना होता है—इसलिए उसमें एक असीम साहस और विवेक तथा विनम्रता छिपी रहती है। इस अर्थ में हर संत व्यक्ति अपनी अन्तर्दृष्टि में कवि और हर कवि अपने सृजनात्मक कर्म में संत होता है। रेणुजी का समूचा लेखन इस रिश्ते की पहचान है, इस पहचान की गवाही है और यह गवाही वह सिर्फ़ अपने लेखन में ही नहीं, ज़िन्दगी के नैतिक फ़ैसलों, न्याय और अन्याय, सत्ता और स्वतंत्रता की संघर्षभूमि में भी देते हैं।

रेणुजी की इस पहचान से सौन्दर्य की नैतिकता उतनी ही महत्त्वपूर्ण है जितनी नैतिक अन्तर्दृष्टि की संवेदना। दोनों के भीतर एक रिश्ता है, जिसके एक छोर पर 'मैला आँचल' है तो दूसरे छोर पर है जयप्रकाश जी की सम्पूर्ण क्रान्ति। दोनों अलग-अलग नहीं हैं—वे एक ही स्वप्न, एक लालसा, एक 'विज़न' के दो पहलू हैं। एक-दूसरे पर टिके हैं। कलात्मक 'विज़न' और क्रान्ति, दोनों की पवित्रता उनके समग्र दृष्टि में निहित है, सम्पूर्णता की माँग करती है : एक ऐसी सम्पूर्णता, जो समझौता नहीं करती, भटकती नहीं, सत्ता के टुकड़ों पर या कोरे सिद्धान्तों की आड़ में अपने को दूषित नहीं करती। वह एक ऐसा मूल्य है जो खुली हवा में साँस लेता है और इसलिए अन्तिम रूप से पवित्र और सुन्दर और स्वतंत्र है।

यह आकस्मिक नहीं था कि रेणुजी की इस समग्र मानवीय दृष्टि को अनेक जनवादी और प्रगतिवादी आलोचक सन्देह की दृष्टि से देखते थे—कैसा है यह अजीब लेखक, जो ग़रीबी की यातना के भीतर भी इतना रस, इतना संगीत, इतना आनन्द छक सकता है। सूखी, परती ज़मीन के उदास मरुस्थल में सुरों, रंगों और गन्धों की रासलीला देख सकता है, सौन्दर्य को बटोर सकता है, आँसुओं को परख सकता है, किन्तु उसके भीतर से झाँकती धूल-धूसरित मुस्कान को देखना नहीं भूलता—एक सौन्दर्यवादी की तरह नहीं, जो सुन्दरता को अन्य जीवन्त तत्त्वों से अलग करके उनका रसास्वादन करता है। रेणु एथीस्ट नहीं थे। किन्तु वह हाय-हाय करते, छाती पीटते प्रगतिशील लोगों के आडम्बर से बहुत दूर थे, जो मनुष्य की यातना को उसके समूचे जीवन से अलग करके अपने सिद्धान्तों की लेबोरेटरी में एक रसायन की तरह इस्तेमाल करते हैं। कितनी बड़ी विडम्बना थी कि मार्क्सवादी आलोचक, जिन्हें सबसे पहले रेणुजी के महत्त्व को पहचानना था, अपने थोथे नारों में इतना आत्मलिप्त हो गए कि जनवादिता की दुहाई देते हुए सीधे अपनी नाक के नीचे जीवन्त जनवादी लेखक की अवहेलना करते रहे। किन्तु यहाँ मैं ग़लत हूँ। यह विडम्बना नहीं थी। यह एक ऐसी दृष्टि की भयानक परिणति थी जो एक तरफ़ अपने को प्रगतिशील घोषित करती थी, दूसरी तरफ़ बिहार के जन-आन्दोलन को फ़ासिस्ट और जयप्रकाश जी को देशद्रोही करार दे सकती थी : वह दृष्टि, जो शब्दों के साथ इतना सिनिकल ढंग से बलात्कार कर सकती है। यदि वे रेणुजी को प्रतिगामी, सौन्दर्यवादी लेखक प्रमाणित करने की कोशिश करें तो हमें क्षोभ अवश्य हो, आश्चर्य नहीं होना चाहिए।

रेणुजी ने बहुत निकट से मनुष्य की पीड़ा, मजबूरी और ग़रीबी को देखा था, इसलिए वह उसके साथ कोई सैद्धान्तिक खिलवाड़ नहीं कर पाते थे। साहित्य में वह ऐसी उम्र में आए थे जब अनेक लेखक

बहुत-सी किताबें लिख चुके होते हैं। वह अपने साथ अनुभवों की पूरी सम्पदा लाए थे। ये अनुभव उनके उपन्यासों में इतने ताज़े और तात्कालिक जान पड़ते हैं कि लगता है, जैसे उनके पात्रों में मिट्टी के ज़र्रे चिपके हैं, जिन्हें अभी-अभी उन्होंने धरती से निकालकर अपनी कथाओं में पिरोया है! उन्होंने जिस सूक्ष्म संवेदना और गहरे लगाव से बिहार के एक अंचल पूर्णिया की ज़मीन को कुरेदा था, उसके फैलाव को महीन और मांसल छवियों में ध्वनित किया था। उसके लिए गद्य की भाषा को अप्रत्याशित रूप से काव्यात्मक मुहावरे में ढाला था, वह हिन्दी उपन्यास में अभूतपूर्व घटना थी। अभूतपूर्व इस अर्थ में नहीं कि उनके पूर्व किसी अन्य लेखक ने अपने गाँव या क्षेत्र पर उपन्यास नहीं लिखे थे। अनेक कथाकारों का नाम लिया जा सकता है, जिन्होंने उनसे पहले भी आंचलिक उपन्यास लिखे थे। रेणु का स्थान यदि अपने पूर्ववर्ती और समकालिक आंचलिक कथाकारों से अलग और विशिष्ट है तो वह इसमें है कि आंचलिक उनका सिर्फ़ परिवेश था, उसके भीतर बहती जीवनधारा स्वयं अपने अंचल की सीमाओं का उल्लंघन करती थी। रेणु का महत्त्व उनकी आंचलिकता में नहीं, आंचलिकता के अतिक्रमण में निहित है। बिहार के एक छोटे भूखंड की हथेली पर उन्होंने समूचे उत्तरी भारत के किसान की नियति-रेखा को उजागर किया था। यह रेखा किसान की क़िस्मत और इतिहास के हस्तक्षेप के बीच गूँथी हुई थी, जहाँ गांधीजी का सत्याग्रह-आन्दोलन, सोशलिस्ट पार्टी के आदर्श, किसान-सभाओं की मीटिंगें अलग-अलग धागों से रेणु का संसार बुनती हैं। सैकड़ों पात्र आते हैं, जाते हैं—उनकी गति, उनका ठहराव, उनकी ऊहापोह और आत्मसंघर्ष एक पूरी 'इमेज' हम पर अंकित कर जाता है। सिनेमा के परदे पर हम जैसे आइंस्टाइन की फ़िल्मों में व्यक्ति और समूह, चलती हुई भीड़ में स्तब्ध चेहरे और उनका गत्यात्मक द्वंद्व, हलचल और तनाव देखते हैं; बिलकुल वैसे पूर्णिया के परदे पर उसकी पीठिका में हम भारतीय

ग्रामवासी और इतिहास के बीच मुठभेड़ और टकराव की गड़गड़ाहट सुनते हैं। एक ऐसा क्षण आता है जब पात्र और पीठिका में कोई अन्तर नहीं रहता—दोनों एक-दूसरे में इतना गुँथ जाते हैं कि मनुष्य, धरती और इतिहास के बीच सीमाएँ घुल-सी जाती हैं किन्तु आपसी मुठभेड़ से जो बिजली चमकती है, बिहार के अवसन्न, धूलभरे आकाश में जो चिंगारी कौंधती है, रेणु ने कैमरे की आँखों से उसे अपनी जीवन्त फड़फड़ाती तात्कालिकता में पकड़ने की कोशिश की थी।

यह अद्‌भुत ड्रामा था। शायद ही किसी हिन्दी उपन्यासकार ने उपन्यास की 'नैरेटिव' परम्परा को झिंझोड़कर उसे प्रेमचन्दीय ढाँचे से बाहर निकालकर इतना नाटकीय, इतना लचीला, इतना काव्यात्मक बनाया था जितना रेणु ने और यह नाटकीयता, यह कविता अलंकारमय और कृत्रिम नहीं थी, क्योंकि परम्पराग्रस्त किसान और आधुनिक ऐतिहासिक आन्दोलन के बीच जिस मुठभेड़ को रेणु ने अपना विषय बनाया था, उसमें पहले से ही बारूदी नाटकीयता विद्यमान थी। उसमें सिर्फ़ दियासलाई लगाने की देर थी।

रेणु ने जिस तीली से किसान के उदास, धूल-धूसरित क्षितिज में छिपी नाटकीयता को आलोकित किया था, उस तीली से हिन्दी के परम्परागत यथार्थवादी उपन्यास के ढाँचे को भी एकाएक ढहा दिया था। मेरे विचार में यह रेणु की अविस्मरणीय देन और उपलब्धि है। 'मैला आँचल' और 'परती : परिकथा' महज़ उत्कृष्ट आंचलिक उपन्यास नहीं हैं, वे भारतीय साहित्य में पहले उपन्यास हैं जिन्होंने अपने ढंग से, झिझकते हुए भारतीय उपन्यास को एक नई दिशा दिखाई थी, जो यथार्थवादी उपन्यास के ढाँचे से बिलकुल भिन्न थी। उन्होंने उपन्यास की नैरेटिव, कथ्यात्मक परम्परा को तोड़ा था—उसे अलग-अलग 'एपिसोड' में बाँटा था, जिन्हें जोड़नेवाला धागा कथा का सूत्र नहीं, परिवेश का ऐसा लैंडस्केप था जो अपनी आत्यंतिक लय में उपन्यास को रूप और फ़ॉर्म देता है।

रेणुजी के यहाँ समय में बँधी घटनाएँ नहीं, ऊबड़-खाबड़ ज़िन्दगियों की यह लय, यह स्पन्दन उपन्यास के हिस्सों को एक-दूसरे से जोड़ता है। रेणुजी पहले कथाकार थे जिन्होंने भारतीय उपन्यास की जातीय सम्भावनाओं की तलाश की थी; शायद सजग रूप से नहीं; शिल्प और सिद्धान्त के स्तर पर तो अवश्य ही नहीं; बल्कि एक ऐसे रचनात्मक स्तर पर जहाँ ज़िन्दगी का कच्चा माल स्वयं कलाकार के हाथों अपने प्राण, जो फ़ॉर्म का दूसरा नाम है, खींच लेता है, ताकि वह एक नये खुले, मुक्त ढाँचे में साँस ले सके। फ़ॉर्म की असली उपलब्धि इसी प्राणवत्ता में निहित है—बाक़ी सब प्रश्न तकनीकी और शिल्प के हैं; आलोचकों की बहस का विषय ज़रूर हों, कलाकार का उनसे कोई नाता नहीं।

मैं रेणुजी की मृत्यु को असामयिक नहीं कहूँगा। हर मृत्यु एक तरह से असामयिक होती है, क्योंकि ज़िन्दगी का कारोबार किसी बिन्दु पर पूरा नहीं होता, किन्तु ख़ास इस दौर में—इमरजेंसी की यातना के बाद उनका अचानक हमारे बीच से चला जाना बहुत क्रूर और असहनीय जान पड़ता है। यह उनकी विजय का क्षण था और वह नहीं हैं।

[अप्रैल, 1977]

मुक्तिबोध की गद्यकथा

सड़क एक अद्‌भुत जगह है—वह एक जगह ठहरी है, किन्तु वह चलती भी है। हम उस पर कुछ बना नहीं सकते, पर वह बनी हुई चीज़ों—मकान, झोंपड़ों, चाय-घर—की ओर ले जाने की आशा बँधाती है। हिन्दुस्तान के छोटे शहरों और क़स्बों में—जिन्हें मोटर, ट्रकों के ट्रैफ़िक ने निगल लिया है—अब भी पाँच-दस मिनट ठहरकर बातचीत की जा सकती है और अगर हम संयोगवश अकेले हों तो एक क्षण अँधेरे में खड़े होकर मकानों की धुँधुआती रोशनियों को देखते हुए सोच सकते हैं—पता नहीं, इन खिड़कियों के पीछे कौन लोग रहते होंगे, कैसी ज़िन्दगी बिताते होंगे?

संयोग की बात है, यह प्रश्न एक बार वर्जीनिया वुल्फ़ ने पूछा था, लन्दन की सड़कों पर भटकते हुए। वह अपने वर्ग के सीमित घेरे से ऊपर उठकर—या नीचे उतरकर—साधारण लोगों की खिड़कियों में झाँककर जानना चाहती थी—व्हाट इज़ लाइफ़? एक दूसरे देश के लेखक ने अपने शहर के अँधेरे में खड़े होकर एक अलग प्रश्न पूछा था :

"सब ओर सघन-आत्मीय नीला एकान्त फैला है और उसके अँधेरे-नीले नील में टूटे-फूटे आँगन में खिली हुई रातरानी महक रही है और मैं उस अहाते में जो पीली धुंधभरी खिड़की है—उसमें से मैं—मैं जो सड़क पर हूँ—झाँककर देखना चाहता हूँ कि क्या बात है?" ('विपात्र', पृ. 101)

यह मुक्तिबोध हैं—अंग्रेज़ लेखिका के प्रश्न (ज़िन्दगी क्या है) के उत्तर में मानो उनका उत्तर खिड़की की दूसरी तरफ़ से एक दूसरा प्रश्न बनकर अँधेरे में गूँज जाता है—आख़िर बात क्या है?

मुक्तिबोध के समूचे गद्य में यह प्रश्न तीर की तरह बिंधा है जिसका ज़ख़्म अपने भीतर दबाए वह ज़िन्दगी-भर अपने शहर की अँधेरी सड़क पर चलते रहे। वह बहुत लम्बी सड़क थी जो हिन्दुस्तानी क़स्बों की तार-तार दरिद्रताओं, यातनाओं और आत्मग्लानियों के बीच गुज़रकर जाती थी। क़स्बे—जिनमें न आधुनिक महानगर का चमकीला आभिजात्य है, न गाँवों का मटमैला धीरज—बल्कि जहाँ सिर्फ़ दम तोड़ती बेचैनी है, जिसमें निम्न-मध्यवर्ग के प्राणी वैन गॉग के बन्दियों की तरह अन्तहीन चक्कर लगाते रहते हैं। अनेक हिन्दी लेखकों ने छोटे शहरों की ऊब, निरर्थकता और हताशा के बारे में लिखा है, किन्तु मुक्तिबोध अकेले लेखक थे जिन्होंने एक क़स्बाती भारतीय के आध्यात्मिक संकट को उसकी समस्त कमज़ोरियों, आत्मभ्रान्तियों और बीहड़ दुःस्वप्नों के बीच पकड़ा था—जो सिर्फ़ बाहरी यथार्थ की कहानी नहीं थी, बल्कि स्वयं उनकी आत्मा का निजी दस्तावेज़ था। यह एक कारण है कि हम उनकी कहानियों, निबन्धों और डायरी के बीच कोई विभाजन-रेखा नहीं खींच सकते—उनका गद्य सब परम्परागत विधाओं को भेदता हुआ एक पैना, पीड़ित सोच बन जाता है।

मुक्तिबोध का सोच अपने बारे में उतना ही है, जितना दुनिया के बारे में, अतः उनकी कहानियों में दर्शन और अनुभव के बीच खड़ी दीवार भी ढह जाती है। यह नहीं कि वह अनुभव के बाद चिन्तन करते हैं—

बल्कि व्यक्ति और अनुभव के बीच चिन्तन एक तरह की सीवन है, कहानी का अन्दरूनी अस्तर, जो बाहरी अनुभव को भीतर की दुनिया से जोड़ता है। यदि वह आत्मपरक शैली का गद्य है, तो इसलिए कि वह मध्यवर्ग की ज़ुबान है। ज़ुबान एक ऐसी चीज़ है जो शरीर का अंग है, किन्तु उसका फ़ंक्शन एकदम अन्दरूनी है—दिल से। मुक्तिबोध के गद्य में उनका सोच एक तरह का बोलना है—बोलता हुआ सोच—दिल और दुनिया के बीच एक अन्तहीन वार्तालाप जिसमें मध्यवर्गीय ज़िन्दगी की गाँठें एक के बाद एक खुलती जाती हैं। अन्य कहानीकारों में पात्र और घटनाओं के बीच टकराहट से कथानक का जन्म होता है—मुक्तिबोध ज़िन्दगी के कथानक के बीच सोच की घटना को जन्म देते हैं, जिसके पात्र और भोक्ता वह स्वयं हैं।

शायद इसलिए उन्हें वर्जीनिया वुल्फ़ की यह जिज्ञासा कुछ अजीब-सी लगती कि ज़िन्दगी क्या है? मुक्तिबोध ज़िन्दगी से ऐसे घिरे थे, जैसे छोटे हिन्दुस्तानी शहरों में आदमी धूल और गर्द से घिरा होता है। एक छोटे आदमी पर ज़िन्दगी का बोझ कितना असह्य और भयानक हो सकता है, इसे मुक्तिबोध ने जितनी वेदना से महसूस किया था, शायद किसी दूसरे लेखक ने नहीं। इसलिए उन्हें आलोचकों की यह शिकायत सारहीन जान पड़ती थी कि हमारे साहित्य में जीवन के तत्त्व बहुत कम हैं। समस्या इससे बिलकुल उलटी है। उनकी डायरी का एक पात्र कहता है : "आज की ख़ास दिक़्क़त यह नहीं है कि साहित्य में जीवन के तत्त्व कम हैं, वरन् यह है कि जीवन में बहुत अधिक हैं। वह जीवन जो जिया या भोगा जाता है, उसमें इतने अधिक तत्त्व हैं—सुबह से लेकर शाम तक मन पर उन तत्त्वों का इतना अधिक संवेदनात्मक प्रहार होता रहता है कि...कि मन जानबूझकर अपने शून्य का निर्माण कर लेता है...ईश्वर ने या समय ने उसे इतना कम अवकाश दिया है कि अनेक कलात्मक नमूनों में उनकी पुनर्रचना नहीं हो पाती। वे तत्त्व मर नहीं जाते, अंडरग्राउंड चले जाते हैं।"

इसलिए मुक्तिबोध का प्रश्न 'ज़िन्दगी' के बारे में न होकर उस असली 'बात,' उस छिपे सत्य को लेकर था जो कहीं अनुभवों के 'अंडरग्राउंड' में दबा रहता है—एक ऐसी लौ, जिसे तथ्यों और तत्त्वों की घटाटोप कुहेलिका के बीच जीने और भोगने की हड़बड़ी में हम आँखों से ओझल कर देते हैं। वह उस आत्म-मोह से वंचित हैं, जो एक प्रगतिशील लेखक को प्राप्त हैं, जिसे अपने दर्शन पर कभी शंका नहीं होती, किन्तु वह उस शंका से भी वंचित हैं, जिसे आधुनिक लेखक एक दर्शन बनाकर सुरक्षित रह सकता है। वह व्यक्ति जो मध्यवर्ग की अनिश्चितताओं के बीच घिरा रहता है, उसे एक ठोस धुरी की कामना रहती है, जो सुख और आत्मसन्तोष से परे एक निश्चित सत्य की तलाश है—जहाँ हम चीज़ों के बीच रहकर भी उनकी छलना से मुक्त रह सकें। उनके उपन्यास 'विपात्र' का अन्तिम वाक्य अंग्रेज़ी में है : 'आई वांट टु बी इन द मिडल ऑफ़ थिंग्स, यस, टु बी इन द मिडल ऑफ़ थिंग्स।' (मैं चीज़ों के बीच में रहना चाहता हूँ, ठीक उनके बीच में।)

मुक्तिबोध की यह मर्मांतक आकांक्षा—चीज़ों के बीच रहने की तड़प—हमें कुछ अजब लग सकती है। वह व्यक्ति जो अनुभवों की मार से जीवन-भर पीड़ित रहा, कौन-सा सत्य चीज़ों से प्राप्त करना चाहता था, जो स्वयं उसे अपने अनुभवों से नहीं मिल सकता था? मुझे लगता है, मुक्तिबोध कहीं बहुत गहरे में महज़ 'अनुभव' के प्रति सशंकित थे—आधुनिक अमेरिकी लेखकों की 'अनुभव पूजा' (कल्ट ऑफ़ एक्सपीरिएंस) उन्हें आश्चर्य में डाल देती। सत्य हमेशा अनुभव से उपलब्ध होता है, किन्तु हर अनुभव सत्य की ओर नहीं जाता—कलात्मक सत्य की कसौटी अनुभव की प्रामाणिकता नहीं हो सकती, जब तक हमारे पास स्वयं अनुभव की सचाई को मापने की प्रामाणिक कसौटी न हो। और वह कसौटी कहाँ है? चीज़ों में, क्योंकि चीज़ों का सन्दर्भ वह दुनिया है जो अनुभवों को काटती-छाँटती है।

झूठे छिलकों को तराशकर भीतर के ठोस सत्य को निकालती है। मुक्तिबोध इस बात का कोई उत्तर नहीं देते कि हमारे अनुभव में क्या मूल्यवान है, क्या अर्थहीन—क्या यह विवेक-ज्ञान भी अनुभव में निहित नहीं है? जब उन पर प्रश्न का दबाव पड़ता है तो वह एक बहुत धुँधली और अस्पष्ट चीज़ लेखक की 'विश्व-दृष्टि' में सहारा ढूँढ़ते हैं। डायरी में वह एक जगह कहते हैं : "विश्व-दृष्टि के अभाव में हम अपने ही अनुभवों के ठीक-ठाक महत्त्व को नहीं आँक सकते, इसलिए केवल कुछ विशिष्ट अनुभवों या अनुभवाभासों को तरजीह देकर अन्य महत्त्वपूर्ण अनुभवों का गला घोंट देते हैं।" किन्तु अन्यत्र अपनी ही बात का खंडन करते हुए वह यह भी कहते हैं कि महानगर के छद्म अनुभवों के पीछे भागने की अपेक्षा लेखक को अपने वर्ग के अनुभवों को ही चित्रित करना चाहिए—जो सच्चे अर्थ में प्रामाणिक हैं। किन्तु अपने वर्ग के अनुभवों में विश्व-दृष्टि आ पाएगी, इसकी क्या गारंटी है?

मुक्तिबोध यदि कभी 'कलात्मक सत्य' की कसौटी विश्व-दृष्टि में ढूँढ़ते हैं और कभी अपने वर्ग के अनुभवों में तो इसका कारण यह है कि वह स्वयं लेखक के निजी जैयक्तिक अनुभवों के सत्य में कभी विश्वास नहीं कर पाए। वह व्यक्ति की आत्मकेन्द्रित सत्ता को सन्देह की दृष्टि से देखते थे। व्यक्ति उनकी नज़रों में झूठी इकाई है—जो इकाई अपने में झूठ है, क्या उसका अनुभव किसी सच्चाई का वाहक हो सकता है? अपनी अकेली सत्ता में व्यक्ति सिर्फ़ भ्रूणावस्था में जी सकता है। भ्रूणावस्था और बाँझपन में एक अद्‌भुत समानता है—दोनों ही सृजनशीलता से शून्य हैं। भ्रूण व्यक्ति के अनुभव अनिवार्यतः बाँझ अनुभव होंगे—अपने में कदाचित् बहुत मार्मिक, बहुत इंटेंस, बहुत विशिष्ट, किन्तु वास्तव में पंगु और एकांगी, क्योंकि उनका जीवन के मूल केन्द्रीय सत्य से कोई सम्बन्ध नहीं होगा। यदि व्यक्ति सिर्फ़ अपने 'मैं' से मोहित है तो इस 'मैं' से जन्मे अनुभव प्रेतात्माओं से अधिक कोई ठोस, पार्थिव सत्ता नहीं रखते।

मुक्तिबोध स्वयं घोर अन्तर्मुखी व्यक्ति थे, इसलिए अपने इर्द-गिर्द भटकती, ख़ुद अपने से फूटी प्रेतात्माओं के अभिशप्त प्रदेश से छुटकारा पाने के लिए सबसे ज़्यादा तड़पते थे। वह चीज़ों की ठोस प्रकाशमान दुनिया में आना चाहते थे, लेकिन सिर्फ़ प्रकाश ही काफ़ी नहीं है—उसके भीतर का सत्य यदि ग़ायब है, तो प्रकाश सूना है, इसलिए वह साहित्य पर भी पूरा भरोसा नहीं करते थे। एक जगह वह लिखते हैं : "साहित्य में प्रकाश ही प्रकाश है। किन्तु हमें प्रकाश में सत्यों को ढूँढ़ना है। हम केवल साहित्यिक दुनिया में ही नहीं, वास्तविक जीवन में रहते हैं। इस जगत् में रहते हैं। साहित्य पर आवश्यकता से अधिक भरोसा रखना मूर्खता है।" ('डायरी', पृ. 70)

मुझे उनके अन्तिम वाक्य पर भरोसा नहीं होता। यदि किसी लेखक के लिए साहित्य ही सब कुछ था तो वह स्वयं मुक्तिबोध थे—फिर क्या सत्य को साहित्य के बाहर ढूँढ़ा जा सका है? यह मुक्तिबोध का सबसे गहरा—और शायद कभी न हल होनेवाला—अन्तर्द्वंद्व था कि एक तरफ़ वह मनुष्य की कल्पनाशक्ति में अदम्य आस्था रखते थे, दूसरी तरफ़ इसी कल्पनाशक्ति से सृजित कलाकृति की स्वायत्त सत्ता, स्वयं कलात्मक अनुभव के सत्य को स्वीकार नहीं कर पाते थे। उसे स्वीकार करने का मतलब होता, मनुष्य के स्वतंत्र आत्मसम्पूर्ण अनुभव में विश्वास करना, जो किसी भी विश्व-दृष्टि को, किसी भी केन्द्रीय सत्य को ठुकराकर अपने निजी संसार के 'विज़न' को रचने का साहस कर सकता है। स्वयं मुक्तिबोध अपनी कविता के सर्वोत्तम सृजनात्मक क्षणों में यही करते हैं—बल्कि यूँ कहना चाहिए कि इसी अन्तर्विरोध के सबसे संत्रस्त क्षणों में वह गद्य से ऊपर उठकर कविता में जाते हैं, जबकि उनकी कहानियों में और डायरी के पृष्ठों में हमेशा इन दो तत्त्वों के बीच—मुक्तिबोध की आस्था और सन्देह के बीच—एक सतत बहस चलती रहती है। पात्र दो हैं—किन्तु उनकी लड़ाई का कुरुक्षेत्र मुक्तिबोध के भीतर है।

कभी-कभी हम यह भी तय नहीं कर पाते कि स्वयं मुक्तिबोध किसके साथ हैं, अक्सर वह अपनी आस्था को छोड़कर अपनी अँधेरी पीड़ित शंकाओं के साथ चलने लगते हैं और तब ऐसे क्षणों में मुझे उनका यह वाक्य याद आने लगता है : "सच्चा लेखक अपने ख़ुद का दुश्मन होता है।" एक जगह वह अपनी डायरी में लिखते हैं, "वह अपनी आत्मशान्ति को भंग करके ही लेखक बना रह सकता है...वह अपने ख़ुद का सबसे बड़ा आलोचक होता है।"

आत्मशंका का यह स्वर आज के हिन्दी वातावरण में अजूबा-सा जान पड़ता है, जहाँ अधिकांश लेखक-आलोचक अपनी भीतरी आशंकाओं की सलवटों को छिपाकर अपने सजे-सँवरे विश्वासों का प्रमाण-पत्र पेश करते हैं। मुक्तिबोध जीवनभर प्रश्नों से घिरे रहे, किन्तु उनके साथ वह निरन्तर एक ऐसे 'केन्द्रीय दर्शन' की तलाश करते रहे, जो उनकी भटकन को कोई अर्थ, कोई दिशा दे सके। मुक्तिबोध को पढ़ते हुए मुझे प्रायः चेख़ॅव की कहानियाँ याद आ जाती हैं, जिनके पात्र भी उन्हीं की तरह किसी ऐसे 'मूल मंत्र' को पाने के लिए भटकते रहे, जो उनकी शापग्रस्त, जर्जरित और सूनी ज़िन्दगी को किसी ऐसे सत्य से आलोकित कर सके, जो केवल एक व्यक्ति की अमोल निधि न हो—एक ऐसा सार्वभौमिक सत्य, जिसकी आँच में हिन्दुस्तान के करोड़ों दिग्भ्रमित, संत्रस्त, ठिठुरते लोग अपने हाथ सेंक सकें।

मुक्तिबोध न केवल अपने आलोचक थे बल्कि अपने वर्ग के—भारतीय मध्यवर्ग के भी—सबसे बड़े, निर्भीक और निर्मम आलोचक थे। उनकी दृष्टि में मध्यवर्ग का व्यक्ति सबसे कृत्रिम, पीड़ित, खोखली, सर्वहारा

ज़िन्दगी जीता है, क्योंकि उसे हमेशा अपनी धरती के ऊपर या नीचे जाने के लिए विवश होना पड़ता है। मुक्तिबोध ज़िन्दगी भर इस वर्ग की तपती, झुलसती ज़मीन पर चलते रहे—नंगे पाँव चलते रहे—ताकि उसके अनुभवों के समस्त कोटर-कोने, उसकी आत्मा का तार-तार होता टेक्स्टचर छान सकें। यदि उनके लेखन में इतनी बेचैनी, बदहवासी, छटपटाहट दिखाई देती है, तो इसलिए कि उनका अपने वर्ग से गहन प्रेम और अथक वितृष्णा का रिश्ता था। वह न तो मध्यवर्ग का होकर अपने नैतिक मूल्यों को झुठलाना चाहते थे, न उसे छोड़कर अपने अनुभवों से विश्वासघात करना चाहते थे। क्या कोई ऐसा दर्शन नहीं था, जो मूल्यों और अनुभवों को एक सार्वभौमिक सत्य में ढाल सके? मुक्तिबोध जिस समाज से आए थे, वहाँ अकेला व्यक्ति अपने निजी, वैयक्तिक दर्शन में ऐसा सत्य नहीं ढूँढ़ सकता था। वह अपनी चरमराती विपत्तियों में टूट सकता है या अपने वर्ग को छोड़ अपनी आत्मा को झुठलाकर उच्च वर्ग की नक़ली, झूठी ज़िन्दगी जी सकता है। इन दो आत्मघाती रास्तों के बीच मुक्तिबोध ऐसा विकल्प ढूँढ़ना चाहते थे जहाँ आदमी अपने वर्ग के प्रति वफ़ादार रहकर भी अपनी अन्तरात्मा के सत्य को सुरक्षित रख सके।

क्या यह विकल्प—जीवन का सार्वभौमिक सत्य—उन्हें मार्क्सवाद में मिल सका?

मुक्तिबोध की 'एक साहित्यिक की डायरी' में—जिसे मैं आधुनिक साहित्य चिन्तन की अत्यन्त महत्त्वपूर्ण पुस्तक मानता हूँ—मार्क्सवाद का उल्लेख बहुत कम आता है। अपने मनन-चिन्तन में मुक्तिबोध किसी ख़ास दर्शन या सिद्धान्त का सहारा लेते हों, ऐसा कहीं नहीं दिखाई देता। किन्तु यह तो निश्चित रूप से कहा जा सकता है कि जीवन की विश्व-दृष्टि की तलाश में मुक्तिबोध शायद मार्क्सवाद के सबसे निकट आए थे। एक कवि अनिवार्यतः यह खोज अपने सबसे आत्मीय कर्म—कला सृजन—में ही करता है। अनुभवों की विशृंखलित अराजकता के बीच क्या कोई ऐसा

धागा है जो उन्हें कविता की रचना में एक अर्थपूर्ण पैटर्न में बाँध सके? मुक्तिबोध को बाँधनेवाला यह धागा मार्क्सवादी दर्शन में दिखाई दिया था—जो न केवल बाहर और भीतर के बीच, बल्कि व्यक्तिगत संवेदना और सामूहिक अनुभव के बीच एक सार्थक संगति जोड़ पाता था। 'एक साहित्यिक की डायरी' में जहाँ वह सृजन-प्रक्रिया के तीन क्षणों का विश्लेषण करते हैं, वह दुनिया की द्वंद्वात्मक गति के तीन भौतिक नियमों के समानान्तर है—स्वीकृति, निषेध और समन्वय को कल्पना-उड़ान के तीन चरणों में पिरोता हुआ। मुक्तिबोध अपनी फ़ैंटेसी के गठन में कहीं भी अपनी कल्पना को स्वेच्छाचारी या अराजक नहीं रहने देना चाहते, इतिहास के बारे में मार्क्सवाद के वैज्ञानिक नियमों को पूरी सघनता से अपने कल्पना-पटल पर अनूदित कर देना चाहते हैं—एक ऐसे कवि की हैसियत से नहीं, जो अपने अनुभवों को मार्क्सवाद की रोशनी में सँजोता है। मुक्तिबोध के लिए अपने अनुभवों की रोशनी—या—अँधेरा—काफ़ी है। वह उन पर किसी दर्शन का अंकुश नहीं लगाते। मार्क्सवाद उनके लिए महत्त्वपूर्ण है तो कविता रचने के लिए नहीं, बल्कि अपनी रचना-प्रक्रिया में एक ऐसी वस्तुपरक और वैज्ञानिक संगति देखने के लिए जिसमें सांसारिक अनुभव एक कलाकृति के सत्य को प्राप्त करते हों। इस दृष्टि से वह न केवल शमशेर बहादुर सिंह से, बल्कि इंग्लैंड में तीसरे दशक के रोमांटिक कवियों ऑडेन या स्पेंडर से मूलत: भिन्न थे, जिन्होंने केवल भावना के स्तर पर मार्क्सवाद को स्वीकार किया था। मुक्तिबोध ने मार्क्सवाद में अपनी मौलिक रचनात्मक गुत्थियों को सुलझाना चाहा था—केवल आधुनिक संकट या मनुष्य की पीड़ा से त्राण पाने के लिए ही वह उसकी ओर आकर्षित नहीं हुए थे।

जिस वस्तुपरक कसौटी को मुक्तिबोध कला में पाना चाहते थे, उसकी खोज वह कला के बाहर—भारतीय समाज—में भी करते थे। स्वतंत्रता के बाद इस समाज की समस्त अर्थपूर्ण इकाइयाँ—परिवार,

समुदाय, जाति-व्यवस्था—आधुनिक सभ्यता के दबाव-तले जिस तरह विशृंखलित और अर्थशून्य हो गई थीं, उनके टूटन से शून्य का जो कीड़ा भारतीय आत्मा में पैठ गया था—अर्थहीनता का अन्तहीन रेगिस्तान—उसे मुक्तिबोध ने बहुत निकटता से भोगा और देखा था। इससे उबरने का रास्ता उन्हें—अपनी कला की तरह—एक तर्कसंगत, वैज्ञानिक अनुशासन में ही दिखाई देता था। दूसरे शब्दों में, मुक्तिबोध के लिए मध्यकालीन समाज में जो स्थान धर्म का था—जो व्यक्ति और व्यक्ति के बीच सुसंगत, अर्थपूर्ण, मानवीय रिश्तों को जोड़ने की भूमिका अदा करता था—उसे हमारे समय में केवल विज्ञान की वस्तुपरक सत्ता सम्पन्न कर सकती है। मार्क्सवाद के अलावा कौन-सा दूसरा दर्शन हो सकता है, जो एक साथ 'वैज्ञानिक' हो और मानव-मुक्ति के स्वप्न का वाहक भी?

मुक्तिबोध काफ़ी दूर तक अपने इस बौद्धिक विश्वास को साथ लेकर चले थे—लेकिन इस तर्क के अन्तिम छोर पर जाकर उसके सामने शंकाओं की अँधेरी खाइयाँ मुँहफाड़े खड़ी थीं। सबसे बड़ी खाई नैतिकता की थी। धर्म की नैतिकता को सामन्तवादी रूढ़ियाँ कहकर टाला जा सकता है, किन्तु विज्ञान की नैतिकता? यह प्रश्न दर्शन का नहीं, संस्कृति का था—आधुनिक संस्कृति का, जिसकी चालक शक्ति ही विज्ञान में निहित है। यदि मुक्तिबोध सीधे-सीधे इस प्रश्न का सामना करते तो समूची वैज्ञानिक सभ्यता का बीभत्स, अमानवीय और सर्वसंहारी चेहरा दिखाई दे जाता, जो असल में चेहरा भी न था, केवल महानगरीय मूल्यों का चमचमाता मुखौटा था, जिसने अपने पीछे आधुनिक सभ्यता की उन सब बीमारियों को छिपा रखा था, जिससे मुक्तिबोध इतना आक्रान्त थे। सबसे बड़ी विडम्बना यह थी कि जिस मार्क्सवाद में मुक्तिबोध ने मानव-मुक्ति का स्वप्न देखा था—स्वयं उसका दर्शन आधुनिक सभ्यता के उन भौतिक मूल्यों का घोर समर्थक था—जो उस स्वप्न को इतना निर्मम ढंग से विकृत करते थे।

मुक्तिबोध यदि एक लेखक की आत्मालोचना को इतना महत्त्व देते थे, तो इसलिए कि वह सबसे गहन अर्थ में आत्म-चेतन व्यक्ति थे—आत्म-संघर्ष का यह बोध ही उन्हें सार्थक रूप से आधुनिक कवि बनाता था। विडम्बना यह थी कि हिन्दी कविता में जिस लेखक के भीतर आधुनिक चेतना के सब तत्त्व मौजूद थे, वही लेखक आधुनिक सभ्यता के सर्वसंहारी तत्त्वों के प्रति सबसे अधिक सशंकित था। हमारे युग में सही अर्थों में शायद वह लेखक आधुनिक हुए हैं, जिन्होंने अपने चिन्तन और व्यवहार में आधुनिकता की सब मरीचिकाओं को भेदने का जीवट साहस किया था। मुक्तिबोध और आधुनिकता के बीच स्वीकृति और अस्वीकृति का द्विविधात्मक सम्बन्ध था। वह जिस आधुनिक भौतिकवादी दर्शन को 'धर्म' का स्थान देना चाहते थे, वह उनकी नैतिक मर्यादाओं को सबसे अधिक आहत करता था। मार्क्सवाद ने कभी कर्म की नैतिकता के बारे में कोई सन्तोषप्रद व्याख्या नहीं की—सिवाय इसके कि जो कर्म ऐतिहासिक शक्तियों के पक्ष में होगा, वह अनिवार्यत: नैतिक होगा, किन्तु यदि ये 'तथाकथित' ऐतिहासिक शक्तियाँ प्रगति और विकास के नाम पर स्वयं मनुष्य की आत्मा को खोखला कर दें, उसे अपने मनुष्यत्व से ही वंचित कर दें, तो उनका समर्थन करनेवाला कर्म भी क्या नैतिक होगा? मार्क्सवाद चाहे इस प्रश्न का उत्तर न दे सके, स्वयं मुक्तिबोध ने अपनी कहानी के पात्र क्लॉड ईथर्ली में ऐतिहासिक तर्क की इस भयानक परिणति को देखा था।

यदि कोई लेखक व्यक्ति की स्वतंत्रता को 'इल्यूज़न' (आत्म-भ्रान्ति) मानकर अपने वर्ग की ओर मुड़ता है और स्वयं उस वर्ग के जीवन-मूल्यों

को विपन्न और विषैला मानकर एक ऐसे 'दर्शन' में मुक्ति खोजता है, जिसके पास नैतिक मूल्यों के संकट का कोई समाधान नहीं—तो वह लेखक अपने को सबसे अधिक अकेला पाएगा। हिन्दी साहित्य में मुक्तिबोध शायद सबसे अधिक अकेले थे और उनके अकेलेपन का साक्षी कोई दूसरा नहीं—सिर्फ़ उनकी कविताएँ थीं। यह शायद संयोग नहीं है कि अन्य हिन्दी कवियों की अपेक्षा मुक्तिबोध ने अपने लेखन में 'आत्मा' शब्द का सबसे अधिक प्रयोग किया है। आत्मा मनुष्य की सबसे आत्मीय चीज़ है—और सबसे अँधेरी। वह व्यक्ति से बँधी होकर भी वैयक्तिक नहीं है, किन्तु वह किसी समूह के घेरे में भी नहीं आती, क्योंकि वह मुड़कर हर व्यक्ति की निजी अन्दरूनी प्राण-वत्ता में वास करती है। आत्मा का अपना लैंडस्केप है। लैंडस्केप की विशेषता यह है कि वह भूमि का खंड होते हुए भी सिर्फ़ भूमि का खंड नहीं है, वह आँख द्वारा देखा गया दृश्य है, जो उस एक निर्वैयक्तिक लैंड को एक आत्मीय लैंडस्केप में बदलता है। मुक्तिबोध जब व्यक्ति और समाज से हताश होकर अपनी कविता की ओर मुड़ते हैं—तो देखनेवाली आँख, जो अनुभवों का अँधेरा अपने साथ लाई थी—ख़ुद उनकी कविता के लैंडस्केप में चमकती दिखाई देती है—एक ऐसा सूरज, जिसकी ओट में मुक्तिबोध के संशयों का अँधेरा छिपा था। हम ख़ुद अपनी आँख नहीं देख सकते—सिर्फ़ बाहर की दुनिया देखते हैं, किन्तु कविता में जो दुनिया दिखाई देती है, क्या वह ख़ुद देखनेवाली आँख नहीं है, जो अनुभव के भूखंड को आत्मा के लैंडस्केप में बदलती है? वह एकदम नहीं बदलती—बीच में एक लम्बा रास्ता है—उनके अनुभव से आत्मा की ओर जाता हुआ, जिसे कोई और नहीं, स्वयं मुक्तिबोध की कहानियाँ तय करती हैं।

शायद यही कारण है कि मुक्तिबोध की कहानियाँ असल में कहानियों-सी नहीं दीखतीं। अनुभव का क्षेत्र वही है, जिस पर 'नई कहानी'

ने इतने हो-हल्ला के साथ हमला किया था—बेकारी, ग़रीबी, संयुक्त परिवारों की घुटन, मृत्यु, आत्महत्या—ये सब पहचाने तत्त्व मुक्तिबोध की कहानियों में मौजूद हैं। किन्तु जहाँ दूसरे कथाकार इन तत्त्वों के सहारे कहानी में गतिमयता का संचार करते हैं, मुक्तिबोध इससे बिलकुल विपरीत कहानी के प्रवाह को रोककर इन सब तत्त्वों को जैसे का तैसा जड़ित, जमी हुई, मूर्च्छित अवस्था में छोड़ देते हैं—मानो उन्होंने चीज़ों के संचारी जीवन को क्षणभर के लिए 'फ्रीज़' कर लिया हो, ताकि वह मन की प्रयोगशाला में उन तत्त्वों का एक-एक करके परीक्षण कर सकें, जिनके सम्मिश्रण में 'वेदना' बनती है। यदि आत्मा का उल्लेख बार-बार उनकी कविता में होता है, तो वेदना की छाया उनकी कहानियों पर मँडराती है। मुक्तिबोध की कहानियाँ—यदि हम सचमुच उन्हें कहानियाँ कह सकें, इस सर्वव्यापी वेदना को पात्रों या घटनाओं द्वारा उतना व्यक्त नहीं करतीं—वह सड़क के दोनों ओर एक ठहरे, पथराए काल-खंड की तरह छाई रहती है—जिसके बीच मुक्तिबोध के पात्र अपने या दूसरों से बात करते हुए निकल जाते हैं। यह अद्‌भुत बात है कि मुक्तिबोध की कहानियों में सब कुछ स्थिर है, सिर्फ़ बात चलती है। यह चलती हुई बात ज़िन्दगी की ठहरी हुई बात को समझना चाहती है, उसकी परत-दर-परत खोलती जाती है। किसी एक कहानी में यदि एक परत खुलती है, तो दूसरी कहानी में उसी बात की दूसरी परत—जब तक बात पूरी नहीं होगी, कहानी कैसे समाप्त होगी? इसलिए मुक्तिबोध की कोई कहानी साफ़-सुथरी, सम्पूर्ण रचना नहीं बन पाती। वह एक भटकती हुई आत्मा की डायरी है। डायरी में हर सत्य अगले पन्ने के सत्य की प्रतीक्षा में अधूरा पड़ा रहता है—अधूरा और प्रतीक्षारत। मुक्तिबोध की कहानियाँ प्रतीक्षा करती हुई कहानियाँ हैं।

वे किस चीज़ के होने की प्रतीक्षा कर रही हैं? इसका उत्तर हमें उनकी कहानियों के कथ्य में नहीं, बल्कि उनके कथ्य-स्थल में ढूँढ़ना

होगा। मुक्तिबोध मूलतः कवि थे, किन्तु उनका गद्य—वे कहानियाँ हों या डायरी—उससे बहुत दूर हैं, जिसे हम काव्यात्मक या लिरिकल गद्य कहते हैं। उलटे उसमें एक पठार-सी कठोरता और पथरीलापन है, जिसे पढ़कर कोई कल्पना नहीं कर सकेगा कि वह एक ऐसे कवि का गद्य है, जिसकी मूल संवेदना कविता में व्यक्त होती है। किन्तु वह कहानीकारों का गद्य भी नहीं है, जिसमें पात्रों की नियति घटनाओं द्वारा उद्घाटित होती है। मुक्तिबोध की कहानियों में उद्घाटित कुछ भी नहीं होता, पहले-पहले वाक्य से अन्तिम पूर्णविराम तक सब कुछ सपाट, निश्चित, पूर्वनिर्धारित जान पड़ता है—मध्यवर्ग की ज़िन्दगी-सा— जिसमें कुछ भी नहीं बदलता, जो है, वह पहले भी था, और हमेशा रहेगा, एक अनवरत, अन्तहीन चक्कर में घूमता चक्र। किन्तु यदि सब कुछ पूर्वनिर्धारित है, तो उम्मीद और इन्तज़ार किस बात का? किस घटना के होने की तैयारी में उनकी कहानियाँ प्रतीक्षा करती जान पड़ती हैं?

यह होनेवाली घटना कोई और नहीं, कविता है—कहानियों में कविता होने की सम्भाव्य घटना। यह घटना कहानियों में होती नहीं, मुक्तिबोध का कवि एक अद्भुत कलात्मक संयम द्वारा उसे कहानी के भीतर स्थगित किये रहता है, किन्तु उसके विस्फोटक तत्त्व हमेशा उसमें मौजूद रहते हैं मानो कविता का 'टाइम बम' कहीं कहानी के कथ्यस्थल में दबा है, जिसके विस्फोटन की प्रतीक्षा में पेड़, झाड़ियाँ, चट्टानें, सरोवर, तालाब, अँधेरी गलियाँ बर्फ़ से जमे, स्तब्ध और सहमे खड़े रहते हैं। वे स्थिर, बिना हिले-डुले खड़े रहते हैं और हम समझ नहीं पाते, वे वहाँ क्यों हैं, क्योंकि वे इतने जीवन्त और प्राणवान हैं कि हम उन्हें केवल कहानी की पृष्ठभूमि, महज़ कथ्य का बैकग्राउंड कहकर अनदेखा नहीं कर सकते, किन्तु वे इतने मूक स्थिर और तटस्थ भी हैं कि कहानी में कहीं भी प्रत्यक्ष रूप से दख़ल नहीं देते। क्या हैं वे, जो होकर भी नहीं हैं? ज़रा ध्यान से देखने पर पता चलेगा कि वे कुछ और न होकर मुक्तिबोध

के अजन्मे रूपक हैं—कहानी के ठहरे उपादान—जो होनेवाली कविता में सहसा अँधेरी गुफाओं और रहस्यमय सरोवरों में अपना दूसरा जीवन ग्रहण करते हैं—और इस बार वे स्थिर और मूक तटस्थ नहीं हैं—वे समूचा तंतुजाल हैं, जिसमें मुक्तिबोध की कविता काँपती हुई जन्म लेती है। कहानी में जो बर्फ़ की तरह जमा दिखाई देता है—कविता में वही बिजली के करंट-सा बहता हुआ मुक्तिबोध की समूची अन्तर्यात्रा को आलोकित कर देता है।

किन्तु इससे परे एक दूसरा प्रदेश शुरू होता है—कविता का प्रदेश, जहाँ मैं इस लेख में जाने का दुस्साहस नहीं करूँगा।

चेहरे की स्मृति, स्मृति का चेहरा

जब तक कोई व्यक्ति जीता है, हम अक्सर उसका चेहरा अपने चौखटे में जड़ लेते हैं, पर मृत्यु सहसा इस जड़ चौखटे के फ्रेम को तोड़ देती है, और वह 'चेहरा' अपने को बने-बनाए सीख़चों से मुक्त करके बाहर निकल आता है, और वह जिसे हम 'एक' समझ बैठे थे, वह अनेक चेहरों में बँटता जाता है, हर चेहरे की अपनी स्मृति, हर स्मृति का अपना चेहरा। कैसा अजीब विरोधाभास है—मृत्यु जिसे हम ठहराव समझे थे, वहाँ से जीवन सहस्र छवियों में बहता दिखाई देने लगता है।

आज जब भीष्म को याद करता हूँ तो स्मृति-धारा में बहती ये छवियाँ ही याद आती हैं। सबसे शुरुआती छवि शायद वह है, जब विभाजन के बाद के लावारिस दिनों में एक प्राइवेट कॉलेज के फटीचर कमरे में हम दस-बारह लोगों के सामने वह कहानी पढ़ते दिखाई देते हैं। सौम्य चेहरा, स्वर धीमा, संयत, शान्त, पर कहानी के उतार-चढ़ाव पर पल-छिन ऊपर-नीचे होता हुआ। लेखक, वक्ता और अभिनेता,

एक साथ तीन भूमिकाएँ निभाता हुआ। यह भीष्म साहनी के जीवन की अद्‌भुत विशेषता थी, ज़रूरत के दबाव तले, समय के तक़ाज़ों को झेलते हुए अनेक भूमिकाएँ सम्पन्न करते रहना। एक पुराने मुहावरे का सहारा लें तो कह सकते हैं कि वह हिन्दी के ऐसे लेखक थे, जिन्होंने 'सात घाटों का पानी' पिया था। उनकी कहानियों, उपन्यासों में यदि अनूठे पात्रों की लम्बी चित्र-गैलरी दिखाई देती है, जहाँ हर व्यक्ति अपने वर्ग और परिवार, शहर और क़स्बे की व्यथा-कथाओं, विसंगतियों, विद्रूपताओं के पूरे संसार को लेकर उपस्थित होता है, इसलिए कि उनकी अनुभव-सम्पदा इतनी व्यापक और समृद्ध थी। पिता के आग्रह पर—कोई विश्वास करेगा?—उन्होंने व्यापार में हाथ डाला, जिसमें बुरी तरह असफल रहे। मौज-मस्ती में और लोक-जीवन के प्रति आसक्ति के कारण इप्टा की रंग-मंडली के साथ पंजाब के शहरों-गाँवों में रंग-यात्रा करते थे। जीवन-निर्वाह के लिए अध्यापकी शुरू की, हिन्दी अनुवादक की हैसियत से सात वर्ष तक सोवियत संघ में रहे। विभिन्न धन्धों की रेल-पेल में अनुभवों की यह विशाल सम्पदा अन्ततः उन कहानियों, उपन्यासों में रूपान्तरित होती रही, जिनके बिना हिन्दी का कथा-संसार कितना विपन्न और सूना होता, यह आज हम अनुभव करते हैं। उनकी रचनाओं की 'सादगी' के पीछे जो अनुभवों की कठोर परतें हैं, वही उन्हें 'सरलीकृत यथार्थवादी' रचनाओं की तुलना में इतना अलग और विशिष्ट बना देती हैं।

मुझे लगता है यही चीज़, अनुभवों की अन्तर्दृष्टि कहीं उन्हें अपने मतवादी आग्रहों से भी मुक्त कर देती है। शीतयुद्ध के वर्षों में जब सोवियत साम्यवाद की विभीषिका सबके सामने खुल चुकी थी, मेरी उनसे लम्बी, कभी-कभी काफ़ी कटु बहसें होती थीं, जो केवल दो मित्रों में हो सकती हैं। मैं अक्सर हैरान हुआ करता था कि जो व्यक्ति अपने समाज में होनेवाले अन्याय के प्रति इतनी सूक्ष्म संवेदनात्मक दृष्टि रखता था,

वही सोवियत समाज में, जहाँ वे वर्षों रहे थे, होनेवाले अमानवीय अत्याचारों के प्रति इस तरह आँखें मूँद सकता है। भीष्म साहनी के जीवन का यह विरोधाभास केवल उन्हीं का नहीं था, बीसवीं शती के अनेक मार्क्सवादी कलाकारों में वह दिखाई देता है। कैसा था यह विरोधाभास? जहाँ एक ओर 'मानववादी आदर्श' के सम्मोहन में वह यह विश्वास नहीं कर पाते थे कि स्वयं 'समाजवादी' व्यवस्था 'अमानवीय' हो सकती है, वहाँ दूसरी ओर अपने समाज के बारे में लिखते हुए, सौभाग्यवश, वह मानव के अमूर्त आदर्श को नहीं, मनुष्य के जीवन के कठोर यथार्थ को अपनी कहानियों, कविताओं, उपन्यासों में इतनी प्रामाणिक विश्वसनीयता से व्यक्त कर पाते थे। मुझे याद नहीं पड़ता—कभी भीष्म साहनी ने अपने भीतर के इस विरोधाभास का सामना किया हो—अपनी आत्मकथा में भी नहीं, जहाँ वह इतनी बेबाकी और पारदर्शिता से अपने जीवन के उतार-चढ़ाव के बारे में लिखते हैं।

किन्तु कला की कसौटी पर इससे भीष्म साहनी का क़द छोटा नहीं हो जाता। यदि इस विरोधाभास के बावजूद उनकी कहानियों में सत्य की खनक झूठी नहीं पड़ती तो इसलिए कि भारतीय मध्यवर्ग के मनुष्य की विडम्बनाओं और अवशताओं में पैठकर वह धूल, यातना और पसीने में सनी जिन छोटी अच्छाइयों को बाहर निकालते थे, वह साम्यवादी 'मानव' की अमूर्त आदर्शवादिता से आच्छादित नहीं होती थी। अजीब बात यह है कि जिस उपन्यास का सत्य उनके भीतर के विरोधाभास से सबसे अधिक आहत होता है, वह और कोई नहीं, उनकी सबसे चर्चित, ख्याति-सम्पन्न रचना 'तमस' है, जहाँ विभाजन की विभीषिका के सामने मनुष्य की 'अच्छाई' बहुत आश्वस्त नहीं करती। 'राजनीतिक रूप से ठीक' होने पर भी उपन्यास की कलात्मक प्रामाणिकता बार-बार सन्दिग्ध जान पड़ती है। अंग्रेज़ों पर विभाजन का दाँव मढ़कर हम स्वयं अपने आत्मपरीक्षण की यातना से छुट्टी नहीं पा सकते।

उपन्यास के बड़े फ़लक पर नहीं, तो कहानियों में विभाजन की भयावह त्रासदी, भीष्म साहनी एक असाधारण मार्मिकता के साथ व्यक्त करते हैं। 'अमृतसर आ गया है' एक ऐसी ही अनूठी रचना है, जिसमें भीष्म बाहरी परिस्थितियों से हटकर मनुष्य के मानस में खिंची ख़ूनी दरारों की ओर संकेत करते हैं। यह वही लेखक कर सकता है, जिसने ऐतिहासिक घटनाओं के अँधेरे में मनुष्य के भीतर होनेवाली अप्रत्याशित 'दुर्घटनाओं' को बहुत निकट से देखा है। यदि अपनी कहानियों में भीष्म विभाजन की विभीषिका को अधिक मानवीय सच्चाई दे पाते हैं, तो इसलिए कि उनमें उनके पात्र परिस्थितियों को, अथवा एक-दूसरे को दोष न देकर स्वयं अपने भीतर के भय, कायरता, कमज़ोरियों और कहीं कोने में दबी मानवीय अच्छाइयों को एक ऐसी सघनता से उद्घाटित कर लेते हैं, जो औसत जीवन के दैनिक व्यवहार में आँखों से ओझल हो जाती हैं। हम अपनी दैनिक ज़िन्दगी की 'नॉर्मल रूटीन' में जहाँ जघन्य सच्चाइयों से किनारा करते हैं, वहीं उनकी कहानियों के पात्र दूसरी परिस्थितियों में एक-दूसरे के आईने में अपने को अपनी समस्त उजली, गँदली सच्चाइयों के साथ निरावृत्त कर डालते हैं। यदि यह कलात्मक विशेषता उनमें न होती, तो भीष्म अन्य 'प्रगतिशील' लेखकों की तरह सिर्फ़ सिद्धान्तकार होते, हिन्दी समाज के प्यारे, दुलारे लेखक नहीं। अन्तिम वर्षों में लिखी उनकी आत्मकथा—'आज के अतीत'—में जिस बेबाक विनोदप्रियता और ईमानदारी से उन्होंने अपने जीवन की गाँठों को खोला है, वह अद्वितीय जान पड़ता है। आख़िरी क्षण तक कोई लेखक कितनी सहज सृजनशीलता के साथ अपने लेखन के 'धर्म' को निबाह सकता है, यह उसका उज्ज्वल उदाहरण है।

'अन्तिम वर्षों...तक?' ये शब्द लिखते ही एक झटका-सा लगता है। एक लम्बी ज़िन्दगी जीने के बाद भी हम उनकी जीवन्त, ज़िन्दादिल उपस्थिति के इतने अभ्यस्त हो गए थे कि उनके जीवन में कोई

'अन्त' या 'अन्तिम' हो सकता है, विश्वास नहीं होता। उनके अन्तिम कहानी-संग्रह 'डायन' को पढ़कर मुझे आश्चर्य हुआ कि इतने वर्षों बाद भी उनके लेखन में कहीं भी दुहराव या बासीपन दिखाई नहीं देता। उनकी हर कहानी नई दिशा से कुछ अप्रत्याशित-सा लाती जान पड़ती थी, जो उनके लिए उतना ही नया था जितना हमारे लिए अनजाना। इतनी लम्बी सृजन-यात्रा में भीष्म कहीं ठहरे नहीं, रुके नहीं, यह बड़ी बात है; किन्तु शायद इससे बड़ी बात यह है कि उनका जीना उनके लिखने को और उनका लिखना उनके जीने को, निरन्तर एक-दूसरे को, सींचता रहा। इतना भरपूर, सुन्दर, सृजनशील जीवन जीने के बाद उनकी मृत्यु भी एक सहज और शान्त स्वीकृति जान पड़ती है।

मुक्त करुणा से आप्लावित कहानियाँ

कोई भी श्रेष्ठ लेखक अपनी एक ख़ास साँचे में पड़ी तसवीर के भीतर हमेशा नहीं रहना चाहता। वह हमेशा गतिमान रहता है या—रहना चाहता है। उसके लेखकीय व्यक्तित्व के 'हस्ताक्षर' भले ही एक-जैसे रहते हैं, उसके भीतर की दुनिया के अन्दर अन्त:सम्बन्धों में हमेशा नये शब्द, ध्वनियाँ, स्वराघात बदलते रहते हैं। एक छवि में उसे 'रिड्यूस' करते ही लगता है, कि वह कहीं अधूरा और विकलांग रह गया है। जिस चौखट में उसे बन्द किया गया था, उसके कितने जीवन्त अंश उसके बाहर झूलते रहते हैं, जिन्हें कभी कोई नाम नहीं दिया जाता। लेखक को उसकी सतत गत्यात्मकता में पकड़ना उतना ही दूभर है, जितना एक पक्षी को उसकी उड़ान में पूरा देख पाना...एक अंग पर हाथ पड़ते ही बाक़ी देह आँखों से ओझल हो जाती है। लेखक जितना अधिक विकासशील होगा, उतना ही उसे एक 'फ्रेम' में बन्द रखना असम्भव होगा।

धर्मवीर भारती ऐसे ही लेखक थे। कहानीकार, नाट्य-लेखक, उपन्यासकार, कवि, निबन्ध-लेखक—सर्वतोमुखी प्रतिभा से सम्पन्न लेखक। वह दूर से जो होने का भ्रम देते थे, पास आते ही बदल जाते थे। उनकी प्रारम्भिक रचनाओं को पढ़कर जो शब्द बार-बार मन में आता है—वह 'रोमांटिक' है। युवराजों, संन्यासियों, देवदासियों की दुनिया हमें अपने आज के यथार्थ से कितनी दूर और परायी जान पड़ती है। भीगती मसों का रोमांस, पवित्र निष्कलंक क़िस्म की आदर्शवादिता, आध्यात्मिक अन्तर्लोक का सुगन्धित वायुमंडल, जिसमें प्रवेश करने से पहले पैरों से कीचड़ में सने जूते उतारने पड़ते हैं। विश्वास नहीं होता, यह 'गुलकी बन्नो' और 'बन्द गली का आख़िरी मकान' के लेखक हैं।

और तभी एकाएक झटका-सा लगता है। हमारे सामने सहसा एक कोई ऐसी कहानी आ जाती है, अकाल की विभीषिका या अस्पताल में आख़िरी साँसें गिनते हुए, पीड़ा और भूख और बीमारी में कुलबुलाते मानव-कंकालों की, कि उनके सामने लेखक की 'रोमांटिक' छवि का मनोरम चित्र एकाएक खंडित हो जाता है। 'मंज़िल', 'भूखा ईश्वर', 'हरिनाकुस और उसका बेटा' कुछ-एक ऐसी कहानियाँ हैं, जो सहसा हमें बिना किसी तैयारी के नंगे पाँव ही एक ऐसे नारकीय यथार्थ में धकेल देती हैं, जो असहनीय रूप से दिल दहला देनेवाला है।

मैं विशेष रूप से उनकी अपेक्षाकृत अज्ञात कहानी 'धुआँ' का उल्लेख करना चाहूँगा। सड़क पर भागती, चीख़ती-चिल्लाती नगर-वेश्याएँ, अश्लील फ़ब्तियाँ कसते हुए दर्शक हमें उन्नीसवीं शती की रूसी कहानियों की याद दिला देते हैं, जहाँ मानवता का चेहरा अपने समस्त आदर्शवादी मुखौटों को उतारकर अपनी नंगी बीभत्सता में खुल जाता है। एक छोटे क़स्बाती शहर की तार-तार होती दरिद्रता, स्वार्थपरकता, दम तोड़ती हुई पीड़ा सामने आ जाती है।

उत्तरी-पूर्वी भारत के क़स्बाती जीवन का ताना-बाना जितने महीन रेशों से भारती ने अपने कथा-विन्यास में बुना है, उतना शायद ही किसी समकालीन हिन्दी लेखक ने। यदि स्वातंत्र्योत्तर भारत के ग्राम-जीवन के अद्‌भुत चितेरे रेणु हैं, तो शहरी गलियों के धूप-छाँही संसार के 'मिनिएचर चित्रकार' भारती हैं। चाहे आरम्भिक कहानियों की उदात्त आदर्शवादिता हो, अथवा बाद की कहानियों की निर्मम, ठंडी, वयस्क वस्तुपरकता, दोनों में ही 'कला की महान् चेतना और चेतना के मूल में यथार्थ रूप की प्रेरणा' समान रूप से विद्यमान रहती है। निम्नवर्गीय भारतीय स्त्री की जीवट-भरी कर्मठता और सहनशीलता एक तरफ़, और दारुण परिस्थितियों के मारक प्रहार दूसरी तरफ़; भारती की तीक्ष्ण, सहानुभूतिपूर्ण दृष्टि से उसका कोई काला-उजला पक्ष छिपा नहीं रहा था। एक ही कहानी—'सावित्री नं. दो'—में मृत्यु-शैया पर लेटी एक स्त्री की एक-दूसरे से टकराती, लहूलुहान अन्तर्विरोधी भावनाओं के अलग-अलग 'शेड' भारती हृदय-भेदी पारदर्शिता के साथ उघाड़ पाते हैं। सावित्री का मोह और शारीरिक वासना, देह का आकर्षण झर जाने की मर्मान्तक पीड़ा, पति के प्रति प्रेम और आक्रोश जैसी एक-दूसरे से गुँथी भावनाओं को भारती आख़िरी बूँद तक निचोड़ लाते हैं। यह वही कथाकार कर सकता है, जो झील पर उठती हुई उर्मियों की तरह मनुष्य के हृत्स्थल को हिलाती हुई हर छोटी-से-छोटी अनुभूति को—इससे पहले कि वह उठने से पहले ओझल हो जाए—पकड़ पाने में समर्थ हो और—यह सामर्थ्य कोई मनोवैज्ञानिक दक्षता से नहीं, कलात्मक संवेदनशीलता से फूटकर बाहर आती है :

> (बिरजा) धीरे-धीरे पाँव सहलाने लगी...मुंशीजी का मन और उमड़ आया। कैसा होता है मन! जिससे चोट खाता है, उसी से सहारा ढूँढ़ता है और फिर दुगनी चोट खाता है।

> टूटता भी है और जुड़ता भी है और पूरी तरह न टूटता ही है, न जुड़ता ही है।...('बन्द गली का आख़िरी मकान')

एक बीमार व्यक्ति की आँखों में क्या जीवन का घटनाचक्र वैसे ही चलता है, जैसा हम उसे देखते हैं। नहीं, वह थोड़ा-सा बदल जाता है और भारती उसके 'बदलाव' की हर सलवट को बड़ी सूक्ष्मता से व्यक्त करते हैं :

> लम्बी बीमारी में भी वक़्त गुज़ारने का हिसाब भी अजब होता है। कुछ चीज़ों को लेकर वक़्त जहाँ-का-तहाँ थम जाता है। जो घटना हुई, बस वही होती रहती है...उस घटना का घटित होना अपने में मुकम्मिल हो गया है। कुछ चीज़ें ऐसी हैं जो मशीन की तरह अपने वक़्त से होती जा रही हैं...शाम होना, पार्क में बच्चों का इकट्ठा होना, पतंग उड़ाना, सामने की खिड़की से उस लड़की का जवान और चंचल होते चले जाना। सब अपनी जगह चक्के की तरह घूम रहे हैं। कुछ आगे नहीं बढ़ता।

बहुत वर्ष पहले जब मैं विदेश से लौटा था, तो मुद्दत बाद अपने शहरों, क़स्बों, शहरों की गलियों, गलियारों को देखकर लगता था, मानो वे निन्यानबे डिग्री के बुख़ार में तप रहे हों। सड़कों पर उड़ती गर्द, चिलचिलाती धूप की चकाचौंध, आकाश में उड़ती चीलों के बीच हिन्दुस्तानी शहर के धूल-धूसरित भिनभिनाते मुहल्लों से उठती हुई धूमिल आवाज़ें एक अन्तहीन, अनर्गल प्रलाप में गूँजती जान पड़ती थीं। आवाज़ों के भीतर कौन-सा निस्तब्ध अभेद्य रहस्य छिपा था, इसका थोड़ा-सा अनुमान

भारती जी की कहानियों को पढ़ते हुए लगता है। धूल और गन्दगी में दम तोड़ती साँसों के भीतर मध्यवर्गीय समाज के सम्बन्धों की अन्तरंगता, उमठती-लोटती हुई वासनाओं, अतृप्त इच्छाओं का घटाटोप, बाहर मुक्त हवा में आने की बेबस छटपटाहट हर गली के आख़िरी मकान के झरोखों से दिखाई दे जाती थी। गली के हर मकान व चबूतरे को देखकर लगता था, यहाँ कभी गुलकी बन्नो अपनी सूखी, मुरझाई दरियाँ बिछाकर बैठती होगी। किसी खिड़की से बाहर ताकती लड़की के चेहरे पर मृत्यु की छाया कैसे सरकती दिखाई देती है! अँधेरा, ख़ामोशी, सिर्फ़ खपरैल के बाँसों से लगे घुनों की अनवरत आवाज़ कर्र-कर्र सुनाई देती है। "क्या आदमी के तन-मन में भी कोई घुन लगा रहता है? बाहर से चाहे कुछ न बदले, लेकिन अन्दर से कुछ कहीं घुन की तरह खाता रहता है।"

भारती जी अक्सर अपनी कहानियों से हमें पात्रों की पीड़ा से उस पार ले जाते हैं जहाँ सब भावनाएँ, अनुभूतियाँ, आकांक्षाएँ निरर्थक हो जाती हैं, सिर्फ़ देखना बचा रहता है : "अँधेरे में बाहर की आँख न देखे, लेकिन मन की आँख ज़्यादा साफ़ देख लेती है क्या? मुंशीजी को लग रहा है कि न इस समय उन्हें मोह है, न दुःख, न डर, न क्रोध, न ममता, न खीझ। वे बस देख रहे हैं..."

ऊपर 'मोह' शब्द आया है।...भारती की कहानियों के पात्र, अपनी उत्कट भावनाओं को कोई नाम नहीं दे पाते, और 'डर' जैसा शब्द उन्हें 'ठेटर' का सस्ता सतही शब्द जान पड़ता है, तो 'मोह' की शरण में जाते हैं...आख़िर 'गीता' में भगवान अर्जुन को इसी मोह की कन्दरा से बाहर निकालना चाहते थे...'गीता' का ज़िक्र बार-बार इस कहानी में यूँ ही नहीं आता। क़स्बों, गाँवों में रहनेवाला भारतीय अपनी भावनाओं का शरण-स्थल 'भागवत्', 'गीता', 'महाभारत' और 'रामायण' में ही पाता है। इन पात्रों की शब्दावली यदि सम्भ्रान्त लोगों से अलग है, तो इसलिए कि उनका समूचा भावनात्मक ढाँचा पौराणिक स्मृतियों के आधार पर खड़ा है।

भारती की कहानियों की यह अद्‌भुत विशेषता है, कि आधुनिक अन्तर्द्वंद्वों और अनुभूतियों की अभिव्यक्ति ठेठ भारतीय संस्कारों के बिम्ब और प्रतीकों द्वारा होती है। 'बन्द गली का आख़िरी मकान' में मुंशीजी की कोठरी की जो चीज़ हमें आख़िर तक याद रह पाती है, वह है : "सिरहाने के झरोखे से दीखते पिछवाड़े के खेत, कुआँ और बीच में हनुमान-चौरा।"

यह चीज़ इसलिए भी उल्लेखनीय जान पड़ती है कि एक लेखक के रूप में भारती की दृष्टि सर्वथा 'आधुनिक' है—यदि आधुनिक से हमारा अर्थ उस 'स्वतंत्र चेतना' से है जो बिना किसी पूर्व-निर्धारित मताग्रह अथवा आस्था की बैसाखी का सहारा लिये हर चीज़ को उसकी वस्तुगत नग्नता से परखती-तौलती है। शायद इसीलिए वह 'भारतीय मन' की अतल गहराइयों को इतनी निष्पक्ष सूक्ष्मता से व्यक्त कर पाते हैं... यहीं से उनकी कहानियों में उस 'हास्य' या आयरनी का सूत्रपात होता है, जिसकी ओर अज्ञेय ने 'सूरज का सातवाँ घोड़ा' की प्रस्तावना में संकेत किया था। इस 'हास्य' में एक अजीब क़िस्म की करुणा लक्षित होती है, क्योंकि जिस 'भारतीय मन' के वह अद्‌भुत चितेरे हैं, स्वयं भी कहीं उसका भाग हैं, उसकी करुण और क्रूर विडम्बनाओं में कहीं स्वयं लेखक की आत्मा वास करती है।

भारती जिस भारतीय जीवन की अँधेरी, टेढ़ी-मेढ़ी गलियों को बाहर से देखते हैं—जो चीज़ उन्हें आधुनिक बनाती है—स्वयं उनके संस्कार और अनुभव इन्हीं गलियों के भीतर अपनी कलात्मक लय और लोच प्राप्त करते हैं, जो उनकी कहानियों को अनूठे ढंग से 'भारतीय गन्ध' प्रदान करती हैं। आधुनिकता और भारतीयता से इस संगम के भीतर ही 'अन्धा युग' और 'सूरज का सातवाँ घोड़ा' जैसी क्लासिकल कृतियाँ जन्म ले सकती थीं।

भारती हमारे समय के उन दुर्लभ, असाधारण लेखकों में से थे, जिन्होंने अपनी सर्वतोमुखी प्रतिभा से साहित्य की हर विधा को एक नया,

अप्रत्याशित मोड़ दिया था। कहानियाँ हों या उपन्यास या नाटक—वह उनमें एक ऐसी ताज़ा, मौलिक दृष्टि लेकर आए थे जिसे किसी कलाकार में देखकर अनायास उसके लिए 'जीनियस' शब्द मन में कौंधता है।

अज्ञेय की प्रखर दृष्टि ने शुरू के वर्षों में ही भारती के इन सब तत्त्वों को लक्षित कर लिया था, जो एक 'जीनियस' के लक्षण होते हैं—"अथक श्रम, सामर्थ्य और अध्यवसाय, बहुमुखी क्रियाशीलता, चिर-जाग्रत, चिर-निर्माणशील कल्पना, युग-सत्य के प्रति सतर्कता आदि।"

मैं यहाँ सिर्फ़ एक तत्त्व और जोड़ना चाहूँगा—एक मुक्त करुणा का समावेश, जो भले-बुरे का भेद लाँघकर लेखक को अपने हर पात्र के साथ एकाकार बनाने में समर्थ कराती है। यह तत्त्व भारती की हर कृति में पाया जाता है, किन्तु उनकी कहानियों में वह एक घनीभूत प्रभाव लेकर आता है। इन कहानियों में सैकड़ों पक्ष आते हैं—भारती जी की टटोलती निगाहों से उनके व्यक्तित्व का कोई पात्र छिपा नहीं रह सकता—उनकी कमीनगी और ओछापन, त्याग और स्वार्थपरकता, पाप के अँधेरे कोटर और दया-उदारता की उदात्त मानवीयता...भारती जिस सौहार्द और खुलेपन के साथ हर पात्र के भीतर प्रवेश कर लेते हैं, वह शायद एक अच्छा कलाकार होने का सबसे उल्लेखनीय तत्त्व और 'जीनियस' होने की सबसे अनिवार्य शर्त होती है।

भारती की कहानियाँ पढ़ते हुए मुझे अपनी प्रिय डेनिश लेखिका इसाक डाइनसिन की बात याद हो आती है। अपनी एक कहानी में वह कहती हैं :

> मैं कभी एक व्यक्ति बनकर नहीं रहूँगी...मैं तुमसे भी यही कहती हूँ। इसके बाद तुम भी हमेशा एक से अधिक बनकर रहो। जितने भी लोगों के बारे में सोच सकते हो, उतने ही अधिक तब तुम दिल में हल्का महसूस करोगे।

यह क्या मात्र संयोग है कि समूचे विषाद और बोझिल विवशता से भरी इन कहानियों को पढ़ने के बाद भी हम कहीं अपने में हल्का महसूस करते हैं। हम जो एक और अकेले थे, इन कहानियों के बाद, अकेले होते हुए भी अनेक में बँट जाते हैं।

आधे रास्ते पर मलयज

विश्वास नहीं होता कि मलयज जहाँ हमारे बीच थे, वह जगह अब ख़ाली है; वह विचित्र, अनूठी, अकेली जगह थी, जहाँ से उन्होंने दुनिया, जीवन की रचना को देखा था। हमें कभी इतनी फ़ुरसत नहीं मिली कि हम उस जगह तक पहुँच पाते—सिर्फ़ उनके लेखन—मात्र लेखन से हम थोड़ा-बहुत अन्दाज़ लगा लेते थे कि मलयज वहाँ हैं, जहाँ से उनकी निगाह चीज़ों को चमका जाती है। वह अब उस तारे की तरह हैं, जो सहसा बुझ जाती है, किन्तु जिसकी रोशनी अनन्त समय तक हमारे आसपास, हमारी दुनिया, हमारे सोच के औज़ारों पर चमकती रहती है...।

वह एक दुबले-पतले, लाइम-लाइट से घबरानेवाले, हमेशा पिछली पंक्ति में बैठनेवाले व्यक्ति थे, एक ऐसे लेखक जो अपने बारे में कुछ नहीं कहते थे, इसलिए हम भी उनके बारे में चुप रहते थे। लेकिन जब भी उनका कुछ लिखा हुआ आँखों के सामने पड़ जाता, कोई सोचती हुई-सी कविता, कोई कविता को छूता हुआ सोच—किसी मित्र को

लिखा हुआ पत्र—तो हम चौंक से जाते, अचानक याद आता, यह तो मलयज हैं, इतना पारदर्शी और पवित्र गद्य, इतना महीन सोच, रचना के प्रति इतना चौकन्ना, चौतरफ़ा लगाव—भला इस तरह का बींधता, भेदता, चमकीला, तहों को छीलता चिन्तन और किसका हो सकता है?

विश्वास नहीं होता कि अब हम चौंकेंगे नहीं, स्तब्ध नहीं होंगे। यह सोचना असम्भव लगता है कि छोटे-छोटे अन्तरालों के बीच अचानक प्रकट होनेवाले मलयज अब एक कभी न ख़त्म होनेवाले अन्तराल में चुप रहेंगे...।

चुप वह अक्सर रहते थे; सिर्फ़ लिखने में उनका स्वर सुनाई देता था, एक महीन और मर्मज्ञ आवाज़; वह उन कम, बहुत कम लेखकों में थे जिनकी रचनाएँ पढ़ते हुए मुझे उनकी आवाज़ सुनाई देती थीं—तीखी और तल्ख़ आवाज़ नहीं—बल्कि एक अजीब शान्त संयम में सधी हुई, संयम जो बाँध की तरह अपने नीचे न जाने कितनी उत्तेजना, कितना उन्मेष, कितना पैशन भींचे रहता है—ठंडा और तटस्थ संयम नहीं, बल्कि विचारों की गड़गड़ाहट के बीच एक बिजली की तरह कौंधता हुआ, आसपास के अँधेरे, अभेद्य कोनों को आलोकित करता हुआ—एक असह्य तनाव में अन्दर उठता हुआ, ख़ुद अपने को रोकता, नियंत्रित करता हुआ। इसका सबसे सजीव और सटीक उदाहरण उनका अन्तिम लेख है—मुक्तिबोध पर। छोटी, महत्त्वपूर्ण बातें, जिन्हें हम लेखक का ऑब्सेशन मानकर टाल जाते हैं, नज़रअन्दाज़ कर जाते हैं, वही मलयज की निगाह में एक अभूतपूर्व रहस्य, एक अप्रत्याशित सत्य उजागर करती हैं। वह हमें घसीटकर ऐसे कोने में ले जाते हैं, जहाँ से हमने किसी रचना को पहले नहीं देखा था।

मलयज की आधुनिकता उनकी निगाह में बसती थी, मांसल और सजीव और साफ़, जिसके रहते वह आज की रचना को निरायास पिछली सब कृतियों से जोड़ लेते थे। वह रचना के साथ-साथ चुपचाप उलटे

पाँव उस अँधेरी माँद में चले जाते थे, जहाँ वह सबकी आँखों से छिपकर जन्म लेती है। ख़ून और मांस और मिट्टी में लिथड़ी हुई; इसीलिए उनके यहाँ परम्परा बीते हुए समय को उघाड़ना नहीं, उस परिवेश को खोलना है, जहाँ आज और बीता हुआ कल एक साथ बसते हैं। इतिहास उनके यहाँ अमूर्त अवधारणा में नहीं, ठोस, स्पर्शवान, स्पन्दित होते परिवेश में साँस लेता है, एक मांसल परिदृश्य में चमकता है।

ज़रा मलयज के साथ चलिए, जहाँ-जहाँ वह रामचन्द्र शुक्ल के पदचिह्नों पर चलते हुए उनके परिवेश में गए थे—धूल में, धरती में, क़स्बे की धुँधुआती बस्तियों की तरफ़...जहाँ हम एक तरफ़ शुक्ल जी की ओर जा रहे हैं, वहाँ दूसरी तरफ़ मलयज की तरफ़ लौट रहे हैं—उनके अन्तर्मन की तरफ़—वह एक कवि की दोतरफ़ा यात्रा है, जहाँ वह आलोचक बनता है, एक आलोचक का अन्तर्मंथन है, जहाँ विवेक-बुद्धि काव्यात्मक सत्य की उड़ान पर अपने पंख तौलती है। मुझे याद नहीं आता कि हमारे समय में किसी लेखक में कविता और आलोचना इतने निरायास, सहज ढंग से समन्वित होती थी, जितनी मलयज में। वह 'कवि-आलोचक' नहीं थे; वह सिर्फ़ एक प्रगल्भ, सजग लेखक थे जिनमें कविता और आलोचना अलग-अलग होते हुए भी धनुष-बाण की तरह जुड़े रहते थे, जिसमें जब कभी उनकी निगाह रचना के केन्द्र-बिन्दु पर निशाना बाँधती है तो असह्य तनाव में तना हुआ तीर लक्ष्य पर बिंधा हुआ काँपता-सा दिखाई देता है—तनाव और सफ़ाई और शान्त-संयम में मढ़ा हुआ—टॉमस मान जिसे 'प्रिसाइज़ पैशन' कहते थे। मलयज सच्चे अर्थों में 'प्रिसाइज़ पैशन' के लेखक थे।

इसलिए वह सही अर्थों में आधुनिक थे। यदि आज इस शब्द का कोई मतलब रह गया है, तो वह मलयज के लेखन में अनुप्राणित होता है। मुझे कोई सन्देह नहीं कि यदि वह कुछ और वर्ष जीवित रहते, तो हम सबके लिए उनका आलोचनात्मक-चिन्तन एक सबक़ होता,

एक मॉडल और आदर्श कि कैसे एक हिन्दी लेखक अपनी सृजन-यात्रा में आधुनिक दबावों को जीता है, भोगता है, समोता है। वह उतने ही सहज रूप से आधुनिक थे, जितना हम हवा में साँस लेते हैं—न उनमें कोई दिखावा था, न शहादत का भाव। मलयज की आधुनिकता उनके औज़ारों में निहित थी, जिनसे वह कविता रचते थे और रचना को तौलते थे। उनकी एकमात्र आलोचना-पुस्तक 'कविता से साक्षात्कार' एक अभूतपूर्व उदाहरण है कि बिना किसी पूर्व निर्धारित दर्शन या सिद्धान्त का सहारा लिये महज़ अपनी प्रखर विवेक शक्ति, सुरुचि-सम्पन्नता और साहित्य के प्रति असीम ज़िम्मेदारी और प्रेम (हाँ, प्रेम, जो प्रतिबद्धता से बहुत अलग है) के आधार पर किसी रचना के मूल मर्म तक पहुँचा जा सकता है—और इस पहुँच के लिए यदि उन्हें चिन्तन के उन औज़ारों का भी प्रयोग करना पड़े, जो सहज रूप से एक शिक्षित व्यक्ति को पश्चिम से मिलते हैं, तो वह उन्हें 'अछूत' मानकर अस्वीकार नहीं करते थे; किन्तु उनकी आधुनिकता इन पश्चिमी औज़ारों में निहित नहीं थी, बल्कि जिस अपूर्व दक्षता और आत्मविश्वास के साथ उन्होंने इन औज़ारों को अपनी व्यक्तिगत, आत्मीय संवेदना और समझदारी में तपाकर पिघलाया था और उसे अपने निजी प्रयोग के औज़ारों में गढ़ा था, उनकी आधुनिकता उनकी इस मौलिक कल्पनाशीलता में निहित थी।

मलयज 'भारतीय लेखक' नहीं थे, वह एक लेखक थे, जो भारतीय परिवेश में रहते थे। वह 'आधुनिक लेखक' भी नहीं थे। वह एक ऐसे लेखक थे जो आधुनिक समय में जीते थे; यही कारण था कि वह न आधुनिकता से ज़्यादा आक्रान्त थे, न भारतीयता से ज़्यादा सम्मोहित। वह रचना के अलावा किसी बैसाखी को नहीं स्वीकारते थे और यह रास्ता लम्बा और दुर्गम था। अन्य लेखक शॉर्टकट ढूँढ़ते हैं; मलयज ने अपने इर्द-गिर्द उन सब रास्तों को बन्द कर दिया, जिन्हें शॉर्टकट की तरह इस्तेमाल किया जा सकता था।

किन्तु जिस रास्ते को उन्होंने चुना, उसे भी वह कहाँ पार कर सके? लगता है, वह कहीं रास्ता पार करते हुए हमारे पास आ रहे थे—और बीच सड़क पर ही कोई दुर्घटना हो गई और हम अब भी इस तरफ़ खड़े उनका इन्तज़ार कर रहे हैं। शायद यही कारण है कि रह-रहकर पछतावे और आक्रोश से भरा एक अजीब-सा सन्देह मन को कोंचता है कि उनका इस तरह जाना ज़रूरी नहीं था। वह बच सकते थे और हमारे बीच हो सकते थे यदि—डॉक्टर ठीक से उनका परीक्षण कर पाते, यदि समय से उन्हें दवा दी जा सकती, यदि तत्काल वह अस्पताल पहुँच पाते; यदि, यदि, यदि...भारत की भयावह स्थिति में पता नहीं कितने 'यदियों' के गड्ढे बिछे हैं, जहाँ लोग लड़खड़ाकर गिर पड़ते हैं; शायद यही कारण है, मलयज की मृत्यु मुझे एकदम बेमानी, अर्थहीन, एब्सर्ड जान पड़ती है। उनकी मृत्यु में अन्त की अनिवार्यता नहीं, दुर्घटना की दहशत महसूस होती है!

कुछ लेखकों की मृत्यु के बारे में सुनकर हम अपने भीतर यह ढाढ़स बँधा लेते हैं कि उन्होंने जो कुछ भी महत्त्वपूर्ण लिखना था, वह उनके पीछे था। उनकी मृत्यु एक लेखक से ज़्यादा एक जाने-पहचाने ख्याति-सम्पन्न व्यक्ति की मृत्यु जान पड़ती है—और शायद यह सच भी है। किन्तु मलयज के साथ यह सच नहीं था। उन्होंने एक कठिन, मेहनत-भरी, संघर्षमय ज़िन्दगी गुज़ारी थी; वह ज़िन्दगी एक तरह की तैयारी थी—उस सबको लिखने की तैयारी—जिसकी बाट हम सब इतने आशा और उत्सुकता से जोह रहे थे। शायद ही उनकी कोई ऐसी टिप्पणी, लेख, कविता—यहाँ तक कि उनके पत्र भी, जिन्हें मैं ढूँढ़कर नहीं पढ़ता था और पढ़ते समय हमेशा कुछ अप्रत्याशित-सा अनुभव होता, पिछले अनुभवों से बिलकुल भिन्न; मलयज उन दुर्लभ लेखकों में थे, जिनके लेखन के बारे में कुछ भी 'प्रिडिक्ट' नहीं किया जा सकता था—इसलिए उनको पढ़ने का कौतूहल और उत्तेजना कभी मन्द नहीं पड़ती थी।

आनेवाले वर्षों में पता नहीं कितने लेखकों को अकादमी पुरस्कार मिलेंगे, शिखर पुरस्कार, ज्ञानपीठ पुरस्कार—लेकिन कुछ लेखक होते हैं जिनका अमरत्व और जिनकी याद पुरस्कारों में नहीं—उस एक-दो इंच ज़मीन से जुड़ी होती है, जिसे उन्होंने अपने लेखन से आगे बढ़ाया है, पुरानी सीमाओं को लाँघकर अजानी धरती पर जाने का जोखिम उठाया है। आनेवाले वर्षों में हम जब कभी रामचन्द्र शुक्ल, निराला, अज्ञेय या शमशेर के बारे में सोचेंगे, तो हमारे चिन्तन के बीच मलयज मौजूद रहेंगे; मलयज ने इन लेखकों के कृतित्व पर जो गहरा प्रकाश डाला था, वह आज स्वयं मलयज की स्मृति के साथ जुड़ गया है। हमारा सोच अनिवार्यत: मलयज के प्रति कृतज्ञता से जुड़ा होगा क्योंकि हर आनेवाली पीढ़ी को आधुनिक साहित्य के मर्म को समझने के लिए जाने-अनजाने ज़मीन के उस टुकड़े पर चलना होगा, जिसे मलयज ने अपने मुखर चिन्तन और अपूर्व निष्ठा से तैयार किया था।

यह क्या कम पुरस्कार है, मलयज के लिए न सही, हमारे लिए, हम सबके लिए?

'मैं कहीं भटक गया हूँ'—बोर्ख़ेस

दूर से देखने पर यह सोचना असम्भव लगता था कि वे हमें नहीं देख रहे—किसी को भी नहीं देख रहे हैं—सिर्फ़ अपने अँधेरे में चल रहे हैं। तालियों की कर्णभेदी गूँज में रास्ता टटोलते हुए वे मंच पर आए। यद्यपि उनकी उम्र सत्तर से ऊपर हो चली थी, देखने में वे असाधारण रूप से नाजुक और निष्कलंक लग रहे थे, जैसे कोई आदमी युवा न रहकर भी युवावस्था की समूची उत्सुकता बुढ़ापे तक ले आता है। अजीब नहीं, उस शाम लन्दन के परिष्कृत, सजे-सँवरे बुद्धिजीवियों के बीच बोर्ख़ेस काफ़ी हद तक 'बाहर के आदमी' दिखाई दे रहे थे, जैसे कोई बच्चा बड़ों के बीच आकर सहसा अपने को अजनबी पाने लगता है।

यों समूचा हॉल उनके भक्तों, प्रशंसकों से भरा था—कुछ अजीब भी लगता था कि इतने लोग एक-एक पाउंड का टिकट ख़रीदकर एक ऐसे लेखक को सुनने आए हैं, जो कुछ वर्ष पहले तक पश्चिम में लगभग अपरिचित थे, या जिनका नाम केवल इने-गिने बुद्धिजीवियों में सुनने को मिलता था।

कहीं बोर्ख़ेस भी आज यूरोप में उस तिनके की तरह तो नहीं हैं, जिन्हें डूबती हुई सभ्यता एक क्षण के लिए पकड़कर छोड़ देती है? स्वयं अँधेरे में चलनेवाले बोर्ख़ेस किसी को सस्ते फ़ॉर्मूले या मंत्र का आलोक दे सकेंगे—मुझे सन्देह था। यह सन्देह कुछ और पक्का हो गया, जब अंग्रेज़ श्रोताओं ने उनसे प्रश्न पूछना शुरू किया। कोई भी प्रश्न ऐसा न था, जो उनकी 'सृष्टि' से सम्बन्ध रखता हो—उनकी कहानियों के संसार को, रहस्य को किस टेक्निक की कुंजी से खोला जा सकता है, लोगों की उत्सुकता इसमें अधिक थी। सच पूछा जाए तो एक क्षण भी ऐसा नहीं आया, जब यह लगता कि उनके अंग्रेज़ बुद्धिजीवी प्रशंसक उस धागे को पकड़ पाए हों, जिससे उनका उस नेत्रहीन एर्जनटीन सूफ़ी लेखक से कोई तारतम्य जुड़ पाता।

एक तरह से यह शोचनीय बात थी—बोर्ख़ेस उन इने-गिने लातिन-अमेरिकी लेखकों में हैं, जिन्होंने अंग्रेज़ी साहित्य और संस्कृति से बहुत कुछ ग्रहण किया है, जिन्हें सही अर्थों में 'ऐंग्लोफ़िल' लेखक कहा जा सकता है। अपने में यह दिलचस्प बात है—और हल्की-सी व्यंग्यात्मक भी—कि जो अंग्रेज़ी लेखक ख़ुद आज अपने देश में पुराने और अपठनीय हो चुके हैं—स्टीवेंसन और चेस्टर्टन—बोर्ख़ेस-जैसे 'आधुनिक' लेखक समय-समय पर उनके प्रति अपना आभार प्रकट करना नहीं भूलते, या शायद यह लन्दन की धुंध है—अदृश्य संकेतों और रहस्यमय ख़तरों से भरी हुई—जो बोर्ख़ेस को बरबस अपनी ओर खींचती है? बातचीत के दौरान बोर्ख़ेस ने उन चीज़ों का उल्लेख किया, जो उन्हें शुरू से ही मोहित और आतंकित करती रही हैं—धुंध, रात, महानगर। ये 'चीज़ें' एक अजीब ढंग से लातिन-अमेरिकी प्रतीकों से जुड़ी हैं—आईने, भूल-भुलैया और चाक़ू।

"चाक़ू की अपनी एक निजी रहस्यमय ज़िन्दगी है," बोर्ख़ेस ने कहा, "ख़ून और हिंसा की एक ऐसी 'प्राइवेट' लिपि उससे जुड़ी है, जो अनायास हमारे भीतर उसके प्रति सम्मान की भावना जाग्रत करती है।"

चाक़ू मानो एक ऐसे सार्वजनिक कर्म को उद्घाटित करता है, जिससे व्यक्तिगत नियति का फ़ैसला होता है। अपनी एक कविता में वे लिखते हैं :

मैंने अपनी नियति को पा लिया है।
अपनी अन्तिम लातिन-अमेरिकी नियति को।
सख़्त लौह का प्रहार,
मेरी छाती चीरता हुआ
गले पर,
मेरा अपना पहचाना चाक़ू।

लेकिन 'चाक़ू' बहुत आत्मीय है, बहुत मांसल, "उससे मुझे डर नहीं लगता," बोर्ख़ेस ने कहा, "डर असल में मुझे आईनों से लगता है—बचपन से मैं उनसे डरता आया हूँ। उन्हें देखकर मुझे एक भयानक अनुभव होता है, जैसे मैं कहीं फँस गया हूँ और बाहर नहीं निकल सकता। आईने को देखकर यह मायावी भ्रम होता है, जैसे कहीं मेरे प्रतिरूप का अस्तित्व है, जैसे हर प्राणी का अपना एक प्रतिरूप है, जिसके कारण हर चीज़ सन्दिग्ध, अवास्तविक और प्रश्नवाचक बन जाती है।"

जो चीज़ बोर्ख़ेस को परेशान करती है, वह 'आइडेंटिटी' का फ़ैशनपरस्त संकट नहीं है, आधुनिक बुद्धिजीवियों के 'संकट' बोर्ख़ेस को त्रस्त नहीं करते। उनकी (बोर्ख़ेस की) समस्या यह है कि किस तरह उस 'स्मृति' को दुबारा पाया जा सके, जिसे आदमी अपने अतीत के अँधेरे कोनों में छोड़कर हमेशा के लिए भूल जाता है। किन्तु जहाँ एक तरफ़ 'स्मृति' को पाना दुर्लभ हो जाता है, वहाँ दूसरी तरफ़ ऐसा भी होता है कि हमें जो 'भूल' जाना चाहिए, वह भूलता नहीं। जब आदमी 'भूलना' भी भूल जाता है और स्मृतियाँ कुछ इस तरह जमा होने लगती हैं मानो बहते हुए समय की धारा कहीं बीच में अटक गई हो! यह भयानक दुःस्वप्न की स्थिति है।

"एक बार ऐसा हुआ कि मेरी नींद उड़ गई," बोर्ख़ेस ने कहा, "मेरे लिए सोना असम्भव बन गया, क्योंकि मैं हमेशा अपनी देह के बारे में सोचता रहता था। यातना के उन क्षणों में, जब नींद नहीं आती थी, मैंने एक कहानी लिखी थी। कहानी एक ऐसे आदमी के बारे में थी, जो कभी अपनी स्मृतियों से छुटकारा नहीं पा सकता था। वह जो कुछ भी अनुभव करता था, उसे अपनी स्मृति का ही हिस्सा जान पड़ता था, मानो हर अनुभव महज़ उसकी स्मृति को दुहराने की ही प्रक्रिया है... वह आदमी अधिक दिन जीवित नहीं रह सका।"

स्मृति की समस्या समय से जुड़ी है—और बोर्ख़ेस की लगभग सब कहानियों में समय रेगिस्तान की तरह फैला है—अपनी समस्त मृगतृष्णाओं और मरीचिकाओं के साथ—यथार्थ से अलग नहीं, लेकिन यथार्थ का हिस्सा भी नहीं। वह उस ताश के 'जोकर' की तरह है, जिसे खेल में कुछ भी बनाया जा सकता है, क्योंकि अपने में वह कुछ भी नहीं। जो कुछ भी नहीं, वह सब कुछ हो सकता है। बोर्ख़ेस का समय प्रूस्त का 'घुमावदार' समय नहीं है, जिसके चरमबिन्दु 'अनायास स्मरण' के क्षणों द्वारा आलोकित होते हैं, मानो समूचा अतीत रोशनी के खम्भों द्वारा छोटे-छोटे फ़ासलों में बाँटा जा सकता है। बोर्ख़ेस की दृष्टि में स्मरण करना अपने को धोखा देना है—क्योंकि ऐसी कोई चीज़ नहीं, जिसे हम 'अतीत' कह सकें—या दूसरे शब्दों में अतीत केवल शाश्वत वर्तमान का ही अंश है, जहाँ उसका अलग अस्तित्व अर्थहीन हो जाता है।

प्रूस्त की दुनिया 'समानताओं' की दुनिया है, जहाँ एक चीज़ दूसरी चीज़ की याद दिलाती है; जहाँ एक स्मृति प्याज़ के छिलके की

तरह दूसरी स्मृति से बाहर आती है। इन 'समानताओं' ने ही एक समय बॉदलेयर को इतना त्रस्त किया था। बोर्ख़ेस चूँकि समय को खंडों में विभाजित नहीं करते, इसलिए इन 'समानताओं' को भी स्वीकार नहीं करते। "एक क्षण दूसरे क्षण के 'समान' नहीं है—वह हूबहू वही है, जो पहला क्षण था।" जब दो क्षण बिलकुल एक-जैसे हों, तो समानता का प्रश्न ही नहीं उठता—जब आनेवाला क्षण एकदम वही हो, जो बीतनेवाला क्षण था, तब समय का अस्तित्व ही नष्ट हो जाता है।

शायद यह एक कारण है कि बोर्ख़ेस ने कभी कोई उपन्यास नहीं लिखा—लिखना दूर रहा, उन्हें पढ़ना भी उन्हें दूभर लगता है।

"मुझे यह स्वीकार करते हुए काफ़ी शर्म आती है," बोर्ख़ेस ने झिझकते हुए कहा, "कि मैं कभी लम्बा उपन्यास नहीं पढ़ पाता—'मदाम बॉवेरी' और 'युद्ध और शान्ति' जैसे महान् उपन्यास भी नहीं! बेशक 'डॉन कुऔते' पढ़ना बहुत अच्छा लगता है—उसे मैं बार-बार पढ़ता हूँ, क्योंकि शायद वह 'सच्चा' उपन्यास नहीं है, वह सिर्फ़ एक कहानी है, जो बराबर चलती रहती है!"

इसमें आश्चर्य की बात नहीं। पश्चिम में जिस विशेष 'समय-बोध' से उपन्यास का जन्म हुआ था, बोर्ख़ेस का समय-बोध उससे बिलकुल भिन्न है। उपन्यास में समय से बँधा घटनाओं का सिलसिला रहता है, जिसे हेनरी जेम्स ने बहुत हताश भाव से 'पीछे का अँधेरा और सामने की खाई' कहा था—दूसरे शब्दों में यह वह चीज़ है, जिसे हम इतिहास कहते हैं। बोर्ख़ेस की दुनिया में इसके लिए कोई मोह नहीं, क्योंकि वह एक ऐसी दुनिया है, जिसमें 'ऐतिहासिक समय' हमेशा के लिए शाश्वत है—

इसलिए शाश्वत रूप से शून्य है। यही कारण है, उनकी कहानियों में जो घटनाएँ घटती हैं, वे हमें भ्रम से सत्य की तरफ़ या आत्म-छलना से आत्म-ज्ञान की तरफ़ नहीं ले जातीं। वे हमें कहीं नहीं ले जातीं। एक बहुत चमकीला धरातल है, जहाँ सत्य और छलना साथ-साथ जीते हैं, जिसमें एक की रोशनी दूसरे की छाया है...इसलिए यह कहना भी असम्भव है—असम्भव नहीं, तो कम-से-कम निरर्थक है कि हमने सत्य को जिस बग़ल से पकड़ा है, वह कहीं छलना की दूसरी बग़ल तो नहीं है?

"लगभग चौबीस शताब्दियों पहले की बात है," बोर्ख़ेस ने कहा, "चीन में चुआंग-सू नामक एक व्यक्ति रहता था। एक दुपहर उसे सपना आया कि वह तितली बनके उड़ रहा है। जब उसकी नींद टूटी, वह बड़े असमंजस में पड़ गया...वह यह तय नहीं कर पा रहा था कि वह चुआंग-सू है जो सपने में तितली बन गया था या वह तितली है, जिसके सपने में वह चुआंग-सू बन गया है।"

बोर्ख़ेस की अधिकांश कहानियाँ—जिन्हें वे 'फ़िक्शन्स' कहते हैं—ऐसी ही छद्म, सन्दिग्ध घटनाओं के आसपास घूमती हैं।

इससे कुछ ऐसा अनुमान लग सकता है कि बोर्ख़ेस का दृष्टिकोण उन नये फ्रेंच कथाकारों के आग्रहों से बहुत भिन्न नहीं, जिन्होंने बाल्ज़ाक और टॉल्स्टॉय के 'समय-बद्ध' उपन्यासों की सीमाओं के पार जाने की कोशिश की है, किन्तु बोर्ख़ेस को उन कलात्मक प्रयोगों में कोई दिलचस्पी नहीं, जिन्हें नये उपन्यासों में समय से छुटकारा पाने के लिए इस्तेमाल किया जाता है। रॉब्ब ग्रिये के चमत्कारपूर्ण प्रयोग शायद उन्हें उतने ही उबा देनेवाले प्रतीत होंगे, जितने उन्नीसवीं शती के लम्बे पारिवारिक उपन्यास।

"मैं बहुत सीधी-सादी कहानियाँ लिखना चाहता हूँ," बोर्ख़ेस ने एक जगह अपने भाषण में कहा था, "अपने बुढ़ापे में मैं कुछ वैसी ही कहानियाँ लिखना चाहता हूँ, जो किपलिंग ने इक्कीस-बाईस की उम्र में लिखी थीं।"

किन्तु महज़ टेक्निक और प्रयोग की दृष्टि से नहीं, बल्कि एक-दूसरे गहनतम धरातल पर भी बोर्ख़ेस फ्रेंच 'नव-उपन्यासकारों' से अलग हैं। उन्हें उस अदृश्य शक्ति में गहरा विश्वास है, जिसे यूनानी नाट्यकार 'मानव-नियति' कहते थे। हमारे समस्त कर्म हमें अनिवार्यत: उस एक अन्तिम, निर्णयात्मक क्षण तक ले जाते हैं, जब आदमी आईने को तोड़कर ख़ुद अपने से साक्षात्कार करता है—नंगे बेलौस ढंग से आमने-सामने।

"हर नियति, चाहे वह कितनी लम्बी और पेचीदा क्यों न हो, वास्तव में एक ख़ास लम्हे की देन है—एक ऐसा लम्हा, जब बिजली की कौंध की तरह आदमी को पता चल जाता है कि वह कौन है।"

हमारी नियति की भयावहता इसमें नहीं है कि वह अवास्तविक है, उसकी असली भयावहता इसमें है कि वह लौहवत् अनिवार्य है, उसे लौटाया नहीं जा सकता।

"समय वह पदार्थ है, जिससे मैं बना हूँ। समय एक दरिया है, जो मुझे बहाए ले चलता है—लेकिन मैं दरिया हूँ। वह चीता है, जो मुझे चीरता-फाड़ता है—लेकिन मैं चीता हूँ। वह आग है, जो मुझे निग़लती है—लेकिन मैं आग हूँ। दुनिया, दुर्भाग्यवश, असली है—मैं दुर्भाग्यवश बोर्ख़ेस हूँ।"

यह ठूँठा रहस्यवाद नहीं है। यह वास्तविकता को इतिहास के जालों से मुक्त करके उसको अपनी शर्तों पर स्वीकार करना है। यह अपनी नियति को भी स्वीकार करना है, आकस्मिक तौर पर नहीं, बल्कि एक उद्घाटित रहस्य की तरह या मार्टिन बुबर के शब्दों में 'एक आह्वान और बुलावे' की तरह।

फिर भी एक रहस्य की उड़ती हुई गन्ध है, जो उनकी रचनाओं में मिलती है। अपने भाषण में इस गन्ध की चर्चा करते हुए बोर्ख़ेस ने कहा कि वे हमेशा अपने लेखन में—और दूसरे लेखकों की रचनाओं में—धर्म और दर्शन की साहित्यिक सम्भावनाओं को खोजने की चेष्टा करते रहे हैं।

किन्तु इस 'खोज' का पेशेवर धार्मिक लेखकों की गुरु-गम्भीर मीमांसाओं से दूर का सम्बन्ध भी नहीं। बोर्ख़ेस उस अर्थ में भी 'धार्मिक या आध्यात्मिक' लेखक नहीं हैं, जिस अर्थ में ग्राहम ग्रीन कैथोलिक लेखक हैं। वे मुझे पुराने चीनी कवियों या मध्यकालीन सूफ़ी-संतों की अधिक याद दिलाते हैं, जो 'विस्मित' होना जानते थे, विस्मित करते भी थे। शायद यही कारण है कि बोर्ख़ेस की कहानियाँ (काफ़्का के 'रूपकों' की तरह) दन्तकथाओं, छद्म घटनाओं, सपनों और क़िस्सों के रूप में ही मिलती हैं। यदि उनकी रचनाओं में 'रहस्य' मिलता है, तो वह गेटे के शब्दों में एक 'प्रत्यक्ष भेद' है, यदि वह पहेली-सा जान पड़ता है, तो इसलिए नहीं कि कोई चीज़ छिपाकर रखी है, बल्कि इसलिए कि छिपी हुई चीज़ों के बीच वह बिलकुल साफ़ और पारदर्शी है। आकस्मिक नहीं कि बोर्ख़ेस की प्रिय 'इमेज', 'भूल-भुलैया' है, जो एक साथ बहुत सुगम और पेचीदा हो जाती है।

उस शाम बोर्ख़ेस को सुनते हुए मुझे यह अजीब-सा ख़याल आया कि उनकी कहानियों के रूपक वैसे ही चमत्कारिक रोल अदा करते हैं, जैसे मार्क्सवादी आलोचक वॉल्टर बेन्यामिन अपने लेखों में उद्धरणों का इस्तेमाल करते थे। दोनों ही लेखकों के जीवन-दर्शन अलग-अलग रहे हैं, लेकिन उनके 'पैशन' और परेशानियाँ एक जैसी हैं। बेन्यामिन के 'उद्धरणों' की तरह बोर्ख़ेस की कहानियाँ उन 'डाकुओं की तरह हैं, जो राह-चलते आदमियों पर हमला करते हैं और आलसी लोगों के विश्वासों को लूट लेते हैं।' बेन्यामिन ने जिसे 'सत्य' माना है, वही सत्य बोर्ख़ेस की कहानियों में चिढ़ानेवाला 'रहस्य' है, क्योंकि जिसे हम 'सत्य' मानते हैं,

"वह परदा हटाकर भेद नष्ट नहीं करता। वह एक ऐसा साक्षात् है, जो उसकी रक्षा करता है।" (वॉल्टर बेन्यामिन)

साक्षात् कभी होता नहीं, लेकिन वह कभी भी हो सकता है, यह उम्मीद आख़िर तक बनी रहती है, आख़िर तक बनी रहनी चाहिए। दुनिया के 'सुख' होते नहीं, इस उम्मीद पर 'बनते' हैं। बोर्ख़ेस ने एक जगह कहा है, "संगीत, सुख की स्थितियाँ, पौराणिक कथाएँ, समय से लदे चेहरे, गोधूलि के धुँधलके, कुछ स्थान—ये सब हमें कुछ बताना चाहते हैं या इन्होंने हमें कुछ बताया था जो हमें ओझल नहीं करना चाहिए था या वे हमें कुछ बतानेवाले हैं। साक्षात् की यह तात्कालिक सम्भावना, जो कभी पूरी नहीं होती—ऐसी है, जिससे सौन्दर्य का सृजन होता है।"

लातिन-अमेरिकी लेखकों में शायद बोर्ख़ेस ही ऐसे हैं, जो यूरोप की परम्परा की, यहूदी परम्परा की यातनाग्रस्त जिज्ञासा के सबसे निकट आते हैं। यह शायद स्वाभाविक भी था। एक एर्जनटीन होने के नाते उन्हें अन्य लातिन-अमेरिकी लेखकों की तरह (जिनमें आक्टोवियो पाज उल्लेखनीय हैं) पीछे मुड़-मुड़कर अपनी इंडियन परम्परा को नहीं खोजना पड़ा—क्योंकि उनके देश में ऐसी कोई परम्परा थी ही नहीं। वे मुक्त रूप से अपने को यूरोपीय परम्परा से सम्पृक्त कर सकते थे—क्योंकि उन पर अपने अतीत का कोई बोझ नहीं था—लेकिन 'बाहर के आदमी' होने के नाते उन पर यह बन्धन भी नहीं था कि वे उस परम्परा के प्रति वफ़ादार रहें, वे अपने अतीत से मुक्त थे तो यूरोप के बाहर भी थे। मुक्ति का यह अहसास ही है कि वह इतने गौरव और विश्वास के साथ कह सकते हैं :

"चमत्कार करने की सुविधा से देवता वंचित भले ही रहे हों, लेखक नहीं। लेखक हमेशा अतीत को बदल सकते हैं...काफ़्का की तरह वे ख़ुद अपने से पहले आनेवालों की रचना कर लेते हैं।"

"आप अपनी ज़िन्दगी में कौन-सी चीज़ सबसे ज़्यादा महसूस करते हैं?" भाषण के बाद एक श्रोता ने उनसे पूछा।

बोर्ख़ेस ने अपनी थकी आँखों से हमारी ओर देखा, "हमेशा लगता है कि मैं कहीं भटक गया हूँ, हमेशा यही लगता है।"

मैं बाहर आया, तो बारिश हो रही थी—लन्दन की धुंध और बारिश और भीगता हुआ अँधेरा—बोर्ख़ेस की अपनी चीज़ें, मैंने सोचा, फिर सहसा विचार आया कि दो तरह के लेखक होते हैं—एक वह, जो इस दुनिया के हैं—होमर, टॉल्स्टॉय, टॉमस मान; दूसरे वह, जो क़ब्र के पार से दूसरी दुनिया की ख़बरें हमारे पास लाते हैं—लज़ारस की तरह अंडरग्राउंड की अफ़वाहें हम तक पहुँचाते हैं...और हम इस दुनिया को दूसरी तरफ़ से देखने लगते हैं—दोस्तोएव्स्की, काफ़्का और बोर्ख़ेस ऐसे लेखक हैं।

यह शायद संयोग ही रहा होगा कि उस रात मुझे यह ख़याल अंडरग्राउंड स्टेशन की सीढ़ियों पर उतरते हुए आया था।

नोबेल पुरस्कार के नये नायपॉल

नायपॉल इस्लाम-विरोधी लेखक हैं, यह उनके व्यक्तित्व के प्रति एक एकांगी दृष्टि है। हमारे देशी बुद्धिजीवी वर्ग में किसी लेखक की राजनीतिक धारणाओं को लेकर उसके लेखन के प्रति ऐसी दृष्टि बना ली जाती है। जैसे कि मैं यदि नेरुदा के साम्यवादी विचारों से असहमत हूँ तो मैं उनके लेखन को भी नकारने लगूँ तो मूर्खता के सिवा इसे और क्या कह सकते हैं? तीस-चालीस वर्षों से नायपॉल उपन्यास, कहानियाँ, यात्रावृत्त लिख रहे हैं। उनके रचनात्मक लेखन और यात्रा-संस्मरणों के बीच एक समानता है कि उनमें एक निपट वस्तुगत और तटस्थ दृष्टि है। यह एक विरोधाभास है कि व्यक्तिगत जीवन में अत्यन्त अहं-केन्द्रित होने के बावजूद लेखन में वे कहीं भी बाह्य स्थिति और परिस्थितियों पर अपनी धारणाएँ नहीं थोपते। साथ ही वे अप्रिय या कठोर सत्य को व्यक्त करने में संकोच नहीं करते। यह चीज़ उनके लेखन में सर्वाधिक आकर्षित करती है।

मुझे याद है, बरसों पहले नायपॉल पहली बार भारत आए थे—अपने पुरखों की जन्मभूमि देखने के लिए। तब यहाँ के लोगों की अकर्मण्यता, आलस्य, गन्दगी को देखकर संत्रस्त और नाराज़ हुए। तभी उन्होंने अपनी पुस्तक 'एरिया ऑफ़ डार्कनेस' लिखी थी। मुझे वह पुस्तक पढ़कर काफ़ी निराशा हुई थी। मैंने सोचा कि कैसे एक संवेदनशील लेखक एक चालू पत्रकार की तरह एक समाज और सभ्यता को सतही और उथली निगाह से देखकर ग़लत निष्कर्षों पर पहुँच सकता है। लेकिन मुझे सुखद आश्चर्य हुआ कि जब वे कुछ वर्षों बाद दोबारा भारत आए तो इस बार उन्होंने अधिक गहन और गम्भीर रूप से भारतीय सभ्यता के संश्लिष्ट चरित्र को समझने का प्रयास किया। उन्होंने यह भी बताया कि किस तरह एक हज़ार वर्षों से बाहरी आक्रमणों की बर्बर हिंसात्मकता के बावजूद, मन्दिरों और मूर्तियों के ध्वस्त हो जाने के बावजूद एक प्राचीन परम्परा-सम्पन्न देश इतिहास के मर्मांतक घावों को झेलता हुआ भी अपनी सांस्कृतिक प्राणवत्ता और अस्मिता जीवित रख सकता है। यह संयोग नहीं कि इस पुस्तक का नाम उन्होंने 'इंडिया : ए वुंडेड सिविलाइज़ेशन' रखा था। बाद में उनकी एक अन्य पुस्तक भारत के बारे में आई—'इंडिया : ए मिलियन म्यूटिनीस नाउ', जिसमें उन्हें भारतीय सभ्यता और संस्कृति में लोकतांत्रिक मर्यादाओं और मानवीयता के वे तत्त्व दिखाई दिये जो उन्हें ईसाइयत या इस्लाम में नहीं दिखाई देते।

नायपॉल को इस्लाम-विरोधी लेखक माननेवालों के बारे में मुझे लगता है कि शायद ही उन्होंने उन पुस्तकों को पढ़ा हो जो उन्होंने अरब देशों के बाहर के मुस्लिम समाजों के बारे में लिखी हैं। नायपॉल की यात्रा-पुस्तकें उनके उपन्यासों जितनी ही उत्कृष्ट और सशक्त हैं। अपनी संवेदनशील अन्तर्दृष्टि और सूक्ष्म ब्योरों के ज़रिये उन्होंने इन्हें ऐतिहासिक और सांस्कृतिक दस्तावेज़ का रूप दिया है। बल्कि हाल के वर्षों में उन्होंने अधिकांश इस्लामी देशों की यात्रा के बारे में ही अपने

सजीव संस्मरण लिखे हैं जो 'एमोंग द बिलीवर्स' और 'बियोंड बिलीफ़' के नाम से प्रसिद्ध हैं। इन्हें पढ़कर मुझे लगा कि नायपॉल ने कितनी मौलिक अन्तर्दृष्टि से अपने यात्रा-विवरणों में ऐसे मुसलमान निवासियों का वर्णन किया है जो अरब देशों से बाहर रहते हैं, जिनका मूल धर्म इस्लाम नहीं था किन्तु इस्लाम क़बूल करने के लिए किसी-न-किसी तरह बाध्य किया गया, जैसे ईरान, पाकिस्तान, इंडोनेशिया, मलेशिया आदि। उनकी एक मौलिक दृष्टि रही है कि जिन देशों में धर्मान्तरण के ज़रिये इस्लाम फैला है, वहाँ के निवासियों को कितनी बड़ी विडम्बना से गुज़रना पड़ता है। कैसे वे दो पाटों के बीच रहने के कारण मानसिक विभाजन के शिकार रहते हैं। एक तरफ़ वे अपनी जातीय जड़ों से उखड़ जाते हैं, उनका वहाँ से सांस्कृतिक सम्बन्ध नहीं रहता, दूसरी तरफ़ उन्हें ऐसे धार्मिक नियमों और आचरण का अनुकरण करना पड़ता है जिनका उनकी अपनी धरती के संस्कारों से सम्बन्ध नहीं होता। मुसलमानों की इस मानसिक अवस्था का मार्मिक वर्णन ईरान के शिया निवासियों के बारे में किया है।

इसी तरह अरबों के आक्रमण से पहले ईरान में जो पारसी या ज़ोरेष्ट्रियन धार्मिक परम्परा थी, उसके प्रति गहरा लगाव वे महसूस करते हैं। कुछ महीने पहले मुझे तेहरान के एक पुस्तक मेले में शामिल होने के लिए आमंत्रित किया गया। वहाँ जाने पर मुझे ईरान के अनेक सांस्कृतिक स्थलों को देखने का अवसर मिला, जिनमें पर्सुपुलीस को देखने का अनुभव अद्‌भुत था। ईसा से सात शताब्दी पूर्व यह शहर ईरान की राजधानी था। एक भव्य सांस्कृतिक नगर, जिसके अब सिर्फ़ खँडहर ही बचे हैं। ईसा से पाँच शताब्दी पूर्व सिकन्दर जब वहाँ पहुँचा तो इस नगर की भव्यता को देखकर इतना ईर्ष्यालु हो उठा कि एक रात में उसे नष्ट कर डाला। मेरे साथ जो ईरानी गाइड थे, वे सब गर्व से दिखा रहे थे और सिकन्दर की बर्बरता के बारे में बता रहे थे।

मैं तब यह सोच रहा था कि हिन्दुस्तान में कितने मन्दिर, इमारतें, लाइब्रेरियाँ मुस्लिम आक्रमणकारियों द्वारा नष्ट किये गए हैं, क्या कभी उस विकराल विनाश-लीला पर हमारे 'सेकुलरिस्ट' इतिहासकार या मुस्लिम नेता उस तरह का पश्चात्ताप प्रकट करते हैं? कहते हैं, नालन्दा विश्वविद्यालय के बहुमूल्य पुस्तकालय को खिलजी बादशाह ने जब आग लगा दी तो उसमें जो पांडुलिपियाँ और पुस्तकें थीं, वे छह महीने तक जलती रहीं। आज के बुद्धिजीवी इन बातों को दबा देते हैं। इतिहास के किसी अप्रिय सत्य को दबाने से वह एक विकृत और विषैली प्रतिक्रिया में प्रकट होता है, जैसा आप अपने देश में बढ़ती हुई साम्प्रदायिकता में देख रहे हैं।

नायपॉल की विशेषता है कि उन्होंने भारतीय इतिहास के ऐसे विवरण बिना किसी लाग-लपेट के दिये हैं, ताकि वह आज की भारतीय सभ्यता का वस्तुपरक आकलन कर सकें। विडम्बना है कि मार्क्सवादी बुद्धिजीवी इतिहास की दुहाई तो हमेशा देते हैं पर कितनी सुविधा से ऐतिहासिक तथ्यों से मुँह चुराते हैं। यही बुद्धिजीवी जब नायपॉल के इस्लाम-विरोध पर रोष प्रकट करते हैं तो उन्हें क्षणभर भी यह बोध नहीं होता कि यह उनकी औपन्यासिक कल्पना नहीं, ऐतिहासिक तथ्य है। यह संयोग नहीं कि अपनी पुस्तक को नायपॉल ने 'भारत—एक घायल सभ्यता' का नाम दिया। भारतीय सभ्यता इतिहास के प्रहारों से क्षत-विक्षत तो हुई पर उसमें इतनी सांस्कृतिक जिजीविषा थी कि वह ईरान, इंडोनेशिया या मिस्र की तरह नष्ट नहीं हो सकी। यदि मुझे नायपॉल से कोई शिकायत है, तो यह कि उन्होंने भारत पर अंग्रेज़ों के औपनिवेशिक दुष्प्रभावों की उसी निर्ममता और निष्पक्षता से व्याख्या नहीं की जिसकी ज़िम्मेवारी पश्चिमी सभ्यता को जाती है और जिसके परिणाम हम आज तक भुगत रहे हैं।

नायपॉल और नीरद चौधरी की पुस्तकें पढ़कर मुझे यह भी लगा कि विदेशों में रहनेवाले भारतीय बुद्धिजीवी इस विषय पर अधिक खुले ढंग से सोचते हैं। उन्हें यह अन्देशा नहीं रहता कि इससे किसी ख़ास सम्प्रदाय की भावनाओं को ठेस पहुँचेगी। हमारे यहाँ के बुद्धिजीवी साहित्य के मूल्यांकन में अपने राजनीतिक पूर्वग्रहों से पीड़ित रहते हैं। यह दुस्साहस सलमान रुश्दी ने भी 'सेटेनिक वर्सेस' लिखकर किया था। उन्होंने परवाह नहीं की कि कट्टर मुसलमानों को बुरा लगेगा। एक तरह से हमें लेखक की इस वस्तुपरकता और कलात्मक तटस्थता का आदर करना चाहिए। हमारे देश के बुद्धिजीवियों में इसका अभाव है।

नायपॉल को नोबेल पुरस्कार उनके रचनात्मक और सृजनात्मक कृतित्व पर मिला है, उनकी राजनीतिक धारणाओं पर नहीं। उनका नाम वर्षों से नोबेल पुरस्कारों के उम्मीदवारों में गिना जा रहा था। इंग्लैंड का शायद ही कोई नामी पुरस्कार हो जो उन्हें प्राप्त न हुआ हो। अंग्रेज़ी और अमेरिकी आलोचकों ने अंग्रेज़ी भाषा पर अद्‌भुत अधिकार और उनके स्पष्ट और पारदर्शी गद्य-शिल्प पर अनेक प्रशंसात्मक समीक्षाएँ लिखी हैं। उनके आरम्भिक उपन्यासों में 'हाउस ऑफ़ मिस्टर बिस्वास' और बाद की पुस्तकों में 'दि एनिग्मा ऑफ़ एराइवल' अत्यन्त विख्यात हुई है। 'हाउस ऑफ़ मिस्टर बिस्वास' को मैं आज भी उनकी सर्वश्रेष्ठ कृति मानता हूँ। इसमें वे अपने पिता के जीवन के बारे में तो लिखते ही हैं, एक विराट् पैमाने पर प्रवासी भारतीयों के अपनी जड़ों से उन्मूलित होने की व्यथा और पीड़ा को भी बहुत सहानुभूति से देख पाते हैं।

सबसे उल्लेखनीय बात यह है कि नायपॉल अपने दीर्घ लेखकीय जीवन में साहित्य के सामयिक फ़ैशनों, फ़ॉर्मूलों से मुक्त रहे हैं। अपनी खरी अन्तर्दृष्टि के आधार पर अपने उपन्यासों में वे न केवल वैयक्तिक जीवन की अन्त:कथा कहने में सफल हुए हैं बल्कि अपने यात्रावृत्तों में संस्कृतियों के उतार-चढ़ाव की मार्मिक कथा को कहने में भी सक्षम हुए हैं।

कुछ वर्ष पहले पुर्तगाल के उपन्यासकार को नोबेल पुरस्कार मिला था जो वर्षों वहाँ की कम्यूनिस्ट पार्टी में रहे—तब किसी ने स्वीडिश अकादमी के निर्णय पर शंका नहीं की थी, फिर आज क्यों की जा रही है, यह समझ नहीं आता। मुझे यह कहने में कोई संकोच नहीं है कि नायपॉल को यह पुरस्कार वर्षों पहले मिल जाना चाहिए था। यह निर्णय 'देर आयद दुरुस्त आयद' के कथन को ही पुष्ट करता है।

नायपॉल बीसवीं शताब्दी की विस्थापित आत्मा के सबसे सजीव प्रतीक रहे हैं। त्रिनिदाद में उनका जन्म हुआ लेकिन वहाँ की सामाजिक व्यवस्था से हमेशा अपने को अलग पाते रहे। अपने पुरखों की धरती भारत के प्रति उनका लगाव और अलगाव का मिश्रित और संश्लिष्ट सम्बन्ध रहा है। यूरोप में इंग्लैंड की आधुनिक जीवन-शैली से और साहित्य की मुख्यधारा से वे अपने को दूर पाते रहे हैं। लेकिन यह कहना शायद ठीक नहीं होगा कि वे अपनी जड़ों की तलाश में रहे हैं। उन्होंने बीसवीं शताब्दी में विस्थापन की नियति को सहज स्वीकार किया है। जो व्यक्ति किसी भी देश या संस्कृति में अपना घर नहीं ढूँढ़ पाता, बेघर होने की वेदना उसे सालती रहती है, किन्तु उसके एवज़ में मुआवज़े के रूप में उसे हमेशा एक तरह की स्वतंत्र और पूर्वग्रहरहित दृष्टि ज़रूर प्राप्त होती है, जैसी नायपॉल को प्राप्त हुई, जो अपनी शताब्दी के मनुष्य की नियति का बिना किसी दुराग्रह का सहारा लिये निष्पक्ष आकलन कर सके। मैं समझता हूँ कि एक निर्भय, निर्भीक, कलात्मक अन्तर्दृष्टि प्राप्त करने के लिए यह एक बुनियादी शर्त है।

साहित्य-शिक्षक के रूप में : नाबोकोव

हमारे यहाँ अनेक लेखक हैं, जो अध्यापन करते हैं। अनेक ऐसे छात्र होंगे, जिन्होंने क्लास में बैठकर उनके लेक्चरों के नोट्स लिये होंगे। परीक्षोपयोगी महत्त्व तो उनका अवश्य होगा—किन्तु वह तो उन शिक्षकों का भी होता है, जो लेखक नहीं हैं। एक लेखक-अध्यापक के लेक्चर कुछ कामकाजू, तात्कालिक प्रयोजन से अलग अपने में एक असाधारण आकर्षण और साहित्यिक विशिष्टता रख सकते हैं, इसकी एक झलक नाबोकोव के उन क्लास-नोट्स में मिली, जो उनकी मृत्यु के बाद उनके काग़ज़ों में पाए गए। हाल ही में वे पुस्तक-रूप* में प्रकाशित हुए हैं। शायद ही किसी आधुनिक उपन्यासकार ने उपन्यास की कला के बारे में इतनी चुभती हुई, चमत्कारिक, चुटकुली भाषा में दो-टूक बातें कही हैं, जैसी नाबोकोव ने अपनी क्लास के छात्र-छात्राओं के सामने।

* Nabokove's Lectures on Literature.

एक व्यावसायिक, ठेठ आलोचक की तर्क-मीमांसाओं से बिलकुल अलग एक कहानी-लेखक सिर्फ़ अपनी कल्पना की चमकदार नोक से साहित्य का मर्म कुरेद सकता है—उसी कल्पनाशील उज्ज्वलता से—जिससे उसकी कहानियों-उपन्यासों ने जन्म लिया है—वर्जीनिया वुल्फ़ के बाद शायद नाबोकोव अकेले लेखक हैं, जिन्होंने इस अद्वितीय प्रतिभा का परिचय दिया है।

नाबोकोव कहीं भी अपने दुराग्रह और पूर्वग्रह नहीं छिपाते—उनमें वे उतने ही जीवन्त और मौलिक जान पड़ते हैं, जितना साहित्य की महान् कृतियों के प्रति उनका अगाध, मांसल, चाक्षुष प्रेम दिखाई देता है।

यह प्रेम केवल मांसल हो सकता है, जिसे हम साहित्य की रूखी, समाजशास्त्रीय टीकाओं-तले अक्सर दबा देते हैं। कलाकृतियों के बारे में नाबोकोव का यह सहज, उजला सत्य उन्हें आज के साहित्यिक वातावरण में काफ़ी अकेला छोड़ देता है। अकेला, लेकिन अत्यन्त महत्त्वपूर्ण; एक झटके से किसी उपन्यास का मर्म हमारे सामने बिजली की तरह कौंध जाता है। 'मदाम बॉवेरी' के बारे में वह कहते हैं :

> यह कितना बड़ा अन्याय होगा, यदि हम इस उपन्यास को केवल इस दृष्टि से पढ़ें कि उसमें लेखक ने बुर्जुआ वर्ग की निन्दा की है। हमें सदा याद रखना चाहिए कि एक कलाकृति सर्वथा नूतन विश्व की रचना करती है, इसलिए किसी पुस्तक को पढ़ते हुए हमें इस नये विश्व को बहुत गहराई से देखना चाहिए, जिसका उन दुनियाओं से कोई नाता नहीं, जिनसे हम परिचित हैं। उपन्यास जिस नई दुनिया को जन्म देता है, उसका अध्ययन करने के बाद ही हम उसका रिश्ता अपनी जानी-पहचानी दुनिया से जोड़ सकते हैं।

इसी से जुड़ा एक दूसरा प्रश्न है—क्या हम किसी उपन्यास से—किसी महान् उपन्यास से—किसी देश-काल की विश्वस्त सूचना

प्राप्त करने की आशा कर सकते हैं? नाबोकोव के विचार में यह आशा अपने में ही मूर्खतापूर्ण है :

> क्या जेन ऑस्टिन से हमें इंग्लैंड की ज़मींदारी प्रथा का कोई चित्र मिल सकता है या डिकेंस के अद्भुत रहस्यमय लन्दन के रोमांस से हमें सौ साल पहले लन्दन का कोई परिचय मिल सकता है? सत्य यह है कि महान् उपन्यास असल में महान् परी-कथाएँ होती हैं। समय और स्थान, मौसम के बदलते रंग, मस्तिष्क और पुट्ठों के गतिमान स्पन्दन—एक महान् लेखक के लिए इनके रहस्य ऐसे नहीं हैं जिन्हें सार्वजनिक सत्यों की पब्लिक लाइब्रेरी से उधार लिया जा सके, बल्कि वे ऐसे अद्भुत विस्मयकारी चमत्कार हैं, जिन्हें एक कलाकार अपने अद्भुत विस्मयकारी ढंग से ही अभिव्यक्त कर सकता है।

एक दूसरी जगह नाबोकोव अपने छात्रों को सुझाव देते हुए कहते हैं :

> आप किताब को पढ़ नहीं सकते, जब तक आप उसे दुबारा नहीं पढ़ते। एक अच्छा पाठक हमेशा 'दुबारा पढ़नेवाला' पाठक ही हो सकता है। मैं आपको बताता हूँ, ऐसा क्यों? जब हम पहली बार पुस्तक पढ़ते हैं, तब पढ़ने की शारीरिक प्रक्रिया—बाएँ से दाएँ तक आँखें घुमाना, एक पंक्ति के बाद दूसरी पंक्ति पढ़ना, एक पृष्ठ के बाद दूसरा पृष्ठ पलटना—ये क्रियाएँ ख़ुद में आप और पुस्तक के रसास्वादन के बीच बाधा बन जाती हैं। जब हम किसी पेंटिंग को देखते हैं तो हम अपनी आँखें उसी तरह नहीं घुमाते हालाँकि उसमें भी गहराई और विकास के तत्त्व मौजूद रहते हैं। जब हम किसी पेंटिंग से पहली बार सम्पर्क बनाते हैं, तो उसमें समय हस्तक्षेप नहीं करता, किन्तु एक किताब से सम्पर्क बनाने के लिए समय का होना ज़रूरी है।

> हमारे पास ऐसी कोई दैहिक इन्द्रिय नहीं है (जैसे पेंटिंग को देखने के लिए आँख है) जो एक पुस्तक को एक चित्र की तरह—अपनी समग्रता में देख सके और साथ ही साथ उसकी तफ़सीलों का रसास्वादन भी करा सके। किन्तु यदि हम पुस्तक को दुबारा, तिबारा या चौथी बार पढ़ें, तो हम उसे वैसे ही 'देख' सकते हैं, जैसे किसी चित्र को।

सिद्धान्त नहीं, तफ़सीलें, डिटेल, छोटी-छोटी बातें—नाबोकोव की दृष्टि में एक उपन्यास के प्राण उसके सूक्ष्म ब्योरों में वास करते हैं; कमरे का फ़र्नीचर या आँखों का रंग, कमरे, कपड़े, बातचीत का तरीक़ा और रहन-सहन का ढंग—ये वे महीन तन्तु हैं, जिनसे एक 'मास्टर पीस' का ताना-बाना बुना जाता है। इनके साक्षात् से ही पाठक की कल्पना स्फुरित होती है; उत्कृष्ट कल्पना वह नहीं है, जब हम उपन्यास में किसी स्थान या लैंडस्केप या अतीत के प्रति मोहित होने लगते हैं; सबसे निकृष्ट कल्पना तो वह है जब कोई पाठक उपन्यास के नायक में अपने को ढूँढ़ने लगता है। महान् साहित्य का आनन्द लेने के लिए ठंडी, शान्त, निर्वैयक्तिक कल्पना की ज़रूरत है, जो अपने को तटस्थ और निस्संग रख सके—तभी एक किताब पूरी सार्थकता के साथ हमारी आत्मा में कम्पन, रीढ़ की हड्डी के ऊपर फुरफुरी जगा सकती है। एक आदर्श पाठक के भीतर पागल मतवालापन और वैज्ञानिक विवेक—दोनों का समन्वय होना चाहिए।

नाबोकोव की राय में साहित्य एक आविष्कार है। क़िस्सा हमेशा क़िस्सा रहेगा। किसी कहानी को 'सत्यकथा' कहना, नाबोकोव की दृष्टि में,

कला और सत्य, दोनों का निरादर करना है। हर महान् कथाकार छली होता है। स्वयं प्रकृति सबसे ज़्यादा छल करती है—तितलियाँ और पक्षी आत्मरक्षा के लिए कैसे अजीब रंगों का वेश बदलते रहते हैं! साहित्य का जन्म उस दिन हुआ जब वह लड़का 'भेड़िया-भेड़िया' चिल्लाता हुआ आया था, जबकि उसके पीछे कोई भेड़िया नहीं था। लम्बी घास में छिपे भेड़िये और लड़के के मनगढ़ंत भेड़िये के बीच जो झिलमिलाता जाला है, वही साहित्य की कला है। वह लड़का आख़िर में अपने झूठ के कारण मारा गया, यह सही है; लेकिन यह भी सही है कि वह लड़का छोटा-सा जादूगर था, एक आविष्कारकर्ता, दुनिया का पहला कथाकार।

तीन दृष्टिकोणों से एक लेखक को जाँचा जा सकता है—कथावाचक, शिक्षक, जादूगर—एक बड़े लेखक में तीनों के तत्त्व होते हैं, किन्तु 'जादू का तत्त्व' ही उसे महान् बनाता है।

"मेरे विचार में एक उपन्यास को जाँचने की सबसे अच्छी कसौटी यह है कि उसमें कविता की आत्यन्तिकता और विज्ञान की अन्तर्दृष्टि, दोनों मौजूद हों। कला के जादू से सराबोर होने के लिए एक बुद्धिमान पाठक किसी उत्कृष्ट पुस्तक को सिर्फ़ दिल से नहीं, सिर्फ़ दिमाग़ से नहीं, बल्कि अपनी रीढ़ से छूता है, क्योंकि कला का आनन्द यहीं स्पन्दित होता है। नाबोकोव का पक्का विश्वास है कि वही लेखक जादूगर हो सकता है, जो सामान्य बुद्धि, व्यावहारिक समझ (Common Sence) को नष्ट करने का साहस कर सके। यह कॉमनसेंस ही है जिसने अजीब, सुन्दर चित्रों पर इसलिए कीचड़ उछाली, क्योंकि उनमें नीले पेड़ थे। कॉमनसेंस हर चीज़ को अवमूल्यित कर देती है। कॉमनसेंस चौकोर है जबकि जीवन की सबसे मूल्यवान चीज़ें गोल होती हैं—विश्व की तरह गोल, बच्चे की आँखों की तरह गोल। जब वह पहली बार सर्कस देखता है...हर व्यक्ति जो कॉमनसेंस को ठुकराकर चलता है, उसे सबसे ज़्यादा जोखिम उठाना पड़ता है—वह चाहे मसीहा हो, गुफा में छिपा जादूगर,

क्षुब्ध कलाकार, स्कूल का शैतान लड़का, सबको एक पवित्र क़िस्म के ख़तरे का सामना करना पड़ता है। ऐसे व्यक्ति अपने मन में एक बम लेकर चलते हैं—एक प्राइवेट बम।"

नाबोकोव का सुझाव है कि यह बम कॉमनसेंस के आदर्श-नगर पर गिरा देना चाहिए। उसके विस्फोटन से जो लपटें निकलेंगी, उसके प्रकाश में हम असली कला को पहचान सकेंगे। यह अतार्किक कल्पना की तर्कसंगत कॉमनसेंस पर सबसे बड़ी विजय होगी।

"अतार्किक कल्पना से मेरा क्या मतलब है? मेरा मतलब है, सामान्य के साम्राज्य पर छोटी तफ़सील की विजय; अंश हमेशा समग्र की अपेक्षा अधिक प्राणवान होता है; मेरा मतलब उन छोटी तफ़सीलों से है, जिसे मनुष्य सँजोकर रखता है, जबकि लोगों की भीड़ एक सामान्य प्रवृत्ति से मदमत्त होकर एक सामान्य लक्ष्य की तरफ़ भागती है। मैं उस आदमी का आदर करूँगा जो अपने पड़ोसी के जलते मकान में घुसकर छोटे-से बच्चे को निकाल लाता है, किन्तु यदि वह बच्चे के साथ उसके प्रिय खिलौने को भी ले आता है, तो उससे हाथ मिलाऊँगा। मुझे एक कार्टून याद है, जिसमें सात मंज़िल से नीचे गिरता हुआ आदमी तीसरी मंज़िल की दुकान के साइनबोर्ड को देखकर हैरान होता है कि उसके हिज्जे क्यों ग़लत हैं और अब तक किसी ने उन्हें ठीक क्यों नहीं किया? छोटी, नगण्य चीज़ों पर विस्मय करने की सामर्थ्य में ही आत्मा अपने स्वगत वचन बोलती है—ज़िन्दगी के नीचे लिखे इन फ़ुटनोट्स में ही सबसे ऊँची चेतना की अभिव्यक्ति होती है—जो तर्क और कॉमनसेंस की होशियारी से बहुत अलग है।"

कहानीकार की प्रेरणा का क्या उत्स है; कौन-सा वह आत्मलोक है, जहाँ उसे अपने उपन्यास का पहला दृश्य दिखाई देता है? नाबोकोव इसका उत्तर स्मृति के अप्रत्याशित स्फुरण में खोजते हैं।

"एक आदमी चला जा रहा है। अचानक वह सीटी बजाने लगता है और उसी क्षण आपकी नज़र पानी के गड़हे में डोलती पेड़ की छाया पर पड़ती है...और तभी आपको एक पुरानी वाटिका की याद आती है—भीगे पत्तों और पक्षियों की याद, जिसमें एक पुराना मित्र (जो मुद्दत पहले मर चुका है) अचानक अतीत से बाहर निकलता हुआ दिखाई देता है—मुस्कराता हुआ, अपनी भीगी छतरी को बन्द करता हुआ। सारी चीज़ एक उज्ज्वल क्षण में घट जाती है, जिसमें बहते हुए दृश्य और इम्प्रेशन की गति इतनी तेज़ है कि आप समझ नहीं पाते, क्यों इस गड़हे को ही देखकर यह याद कौंध आई, सीटी की इस आवाज़ को सुनकर ही क्यों? और इन दो चीज़ों—आवाज़ और दृश्य—के सम्मिश्रण के नियम क्या हैं, जिन्हें मस्तिष्क नहीं समझ सकता लेकिन फिर भी एक अद्‌भुत जादू जैसा कँपकँपाता अनुभव होता है, जैसे भीतर किसी का पुनर्जन्म हुआ है, एक ऐसा रसायन जिसने देखते-देखते एक मृत आदमी को जीवित कर दिया है? यह अनुभव ही उसका आधार है, जिसे हम प्रेरणा कहते हैं; सीटी की धुन, पत्ते, बारिश—इन सबके भीतर एक सहज क़िस्म का स्फुरण उत्पन्न होता है। यह उन लोगों को भी महसूस होता है, जो लेखक नहीं हैं, किन्तु कुछ लोग इसकी ओर ध्यान भी नहीं देते।"

नाबोकोव के इस उदाहरण में स्मृति एक अनोखी किन्तु अवचेतन भूमिका अदा करती है, जिसमें सब कुछ वर्तमान और अतीत के सम्पूर्ण गुम्फन पर निर्भर करता है। प्रेरणा इसे तीसरा आयाम देती है—अतीत और वर्तमान तो हैं ही—अब उसमें तीसरा तत्त्व—भविष्य भी शामिल हो जाता है—एक ऐसा समय, जिसमें कहानी का जन्म होता है।

अतः एक क्षण की कौंध में समय अपना समूचा वृत्त बना लेता है जिसे हम यूँ भी कह सकते हैं कि समय का अस्तित्व ही ख़त्म हो जाता है।

"लगता है, जैसे समूचा विश्व आपके भीतर प्रवेश कर गया है और आप समूचे विश्व के भीतर घुल गए हों। अहं या ईगो की दीवार सहसा ढह जाती है और अहं का इतर संसार बाहर से भागता हुआ भीतर के बन्दी को बचाने आ जाता है, जबकि वह—बन्दी—पहले से ही खुले में नाच रहा है।"

नाबोकोव ने अतार्किक ज्ञान की बात कही है—जिसमें पहेलियाँ हैं, लेकिन उत्तर नहीं। गोगोल के ग़रीब पात्र का ओवरकोट चुरा लिया जाता है और काफ़्का का इंश्योरेंस एजेंट अचानक एक सुबह एक कीड़े में बदल जाता है। इन सब घटनाओं का क्या मतलब है? हम काफ़्का की कहानी के सब कल-पुर्ज़े निकालकर भीतर झाँकें, क्या है इसका अन्दरूनी ढाँचा? हम यह पता चला सकते हैं, कैसे एक टुकड़ा दूसरे टुकड़े से जुड़ा है, कैसे कहानी का पैटर्न तैयार हुआ है किन्तु असली भेद की थाह लेने के लिए आपके भीतर कोई ऐसा अणु, कीटाणु होना चाहिए जो आपके भीतर होनेवाली उथल-पुथल का उत्तर दे सके, जिसे आप न परिभाषित कर सकते हैं, न नज़रअन्दाज़ कर सकते हैं। सौन्दर्य और दया—शायद इनके ज़रिये हम कला की परिभाषा के सबसे निकट आ सकते हैं। जहाँ सौन्दर्य है, वहाँ दया है, क्योंकि सीधी-सी बात यह है कि सौन्दर्य को मर जाना है। सौन्दर्य हमेशा मर जाता है, चीज़ के साथ रूप मर जाता है और दुनिया व्यक्ति के साथ मर जाती है।

और अन्त में नाबोकोव थोड़ा-सा झुककर लेखक की मेज़ पर नज़र डालते हैं :

कोरे पन्ने पड़े हैं लेकिन चमत्कार की बात यह है कि सारे शब्द वहाँ हैं, अदृश्य स्याही में लिखे हुए, दृश्य बनने को आतुर। आप तसवीर का कोई भी पहलू उभार सकते हैं, कहीं से भी शुरू कर सकते हैं क्योंकि जहाँ तक लेखक की बात है, उसके लिए किसी भी क्रमबद्ध सिलसिले के कोई माने नहीं। क्रम इसलिए है क्योंकि शब्दों को एक-दूसरे के बाद अलग-अलग पन्नों पर लिखना पड़ता है। समय और सिलसिला लेखक के मस्तिष्क में नहीं है क्योंकि न समय ने, न स्पेस ने उसके प्रारम्भिक 'दृश्य' (Vision) को निर्धारित किया था। अगर पुस्तक को हम वैसे ही पढ़ सकते हैं, जैसे चित्र को देखते हैं—एक नज़र में—दाएँ और बाएँ, शुरू और अन्त के झंझट से मुक्त होकर—तो यह उपन्यास के रसास्वादन करने का आदर्श ढंग होता, क्योंकि सचमुच इसी ढंग से लेखक ने भी अपनी पुस्तक को गर्भाधान के क्षण में देखा था।

अच्छा तो, अब वह लिखने के लिए तैयार है। अब वह सब ज़रूरी चीज़ों से लैस है। उसका फ़ाउंटेन पेन अच्छी तरह भरा है। घर ख़ामोश है; तमाखू और माचिस एक-दूसरे के साथ हैं; रात अभी जवान है...हमें उसे इस आरामदेह हालत में छोड़कर दबे पाँव बाहर आ जाना चाहिए, दरवाज़ा ओढ़ देना चाहिए और घर से बाहर आ जाना चाहिए और घर से बाहर जाते हुए यदि हमें कहीं अँधेरे में सीढ़ियों पर 'कॉमनसेंस' का राक्षस दिखाई दे जाए, यह बुड़बुड़ाता हुआ कि भीतर बैठे लेखक की पुस्तक सामान्य लोगों में लोकप्रिय नहीं होगी कि वह पुस्तक नहीं बिकेगी...तो इससे पहले कि वह इस शब्द 'बिक्री' को मुँह से निकाले, हमें इस झूठे कॉमनसेंस को गोली मार देनी चाहिए।

यह हैं 'लोलिता' के लेखक के उपन्यास-रचना पर विचार... लेकिन जैसे वह लेखक को उसके कमरे में छोड़कर बाहर आ गए थे, हमें भी नाबोकोव को उनके क्लासरूम में छोड़कर चले आना चाहिए, इस अफ़सोस और ईर्ष्या के साथ कि एक ज़माने में हम उनके छात्र नहीं थे, जिन्हें वह हर रोज़ साहित्य और कला के रहस्यमय, जादू-भरे मंत्र इतने प्यार और पागलपन के साथ समझाते थे।

रॉब्ब ग्रिये के साथ : एक शाम

प्राग का वह हॉल काफ़ी छोटा था, लेकिन टिकटघर के आगे (भाषण सुनने के लिए भी यहाँ टिकट ख़रीदने पड़ते हैं, यदि वक्ता बहुत लोकप्रिय हो) एक घंटा पहले से भीड़ जमा हो गई थी। अधिकांश लेखक और विश्वविद्यालय के छात्र थे—लेकिन सिर्फ़ वे ही नहीं थे। कोने में एक बूढ़ी महिला खड़ी थी, जिनके हाथ में उस लेखक की दो किताबें थीं, जिनकी हम सब प्रतीक्षा कर रहे थे। बाद में बहुत-से लड़के-लड़कियों के हाथों में वे किताबें दिखाई दीं—'जैलेसी' और 'रबर'—जिनका अनुवाद चेक में हो चुका है। वे हस्ताक्षर लेने की प्रतीक्षा कर रहे थे। यह अनुमान लगाना कठिन था कि किस हद तक सबकी दिलचस्पी फ्रांस के 'नव-उपन्यास' में है और किस हद तक उस व्यक्ति को देखने में, जो आज यूरोप में उतने ही सनसनीखेज़ और विवादास्पद बन गए हैं जितने किसी समय प्रथम युद्ध के बाद सुर्रियलिस्ट लेखक थे।

शायद यह स्वाभाविक भी है। कवि के क्षेत्र में सुर्रियलिज़्म जितना बड़ा क्रान्तिकारी आन्दोलन था, 'नव-उपन्यास' सम्भवत: उतना महत्त्वपूर्ण और आकर्षक नहीं है, किन्तु गद्य की स्वीकृत मर्यादाओं को तोड़ने में जितना उसका हाथ रहा है, उतना शायद किसी अन्य साहित्यिक धारा का नहीं। आज भी हम इसके परिणामों से ठीक-ठीक अवगत नहीं हैं। अपनी अनिवार्य तर्कसंगत नियति पर पहुँचकर यह 'आन्दोलन' कितना क्रान्तिकारी हो सकता है, हम इस तथ्य से भी पूरी तरह अवगत नहीं हैं।

लेकिन इस अज्ञान के बावजूद वह एक 'लोकप्रिय' आन्दोलन है इसका अनुमान उस शाम प्राग की उस भीड़ को देखकर लगाया जा सकता था। यों भी अपने में यह एक दुहरा चमत्कार था—रॉब्ब ग्रिये को देखना और वह भी एक समाजवादी देश की राजधानी में—दस वर्ष पहले इसकी कल्पना भी दूभर जान पड़ती।

कुछ देर बाद जब वे आए, समूचे हॉल में एक घनी निस्तब्धता छा गई थी। वह तनिक क्षेंप-से गए (रॉब्ब ग्रिये एक स्कूली बच्चे की तरह झेंप सकते हैं)। पहले क्षण लगा, मानो वह स्वयं इस गम्भीर निस्तब्धता के लिए तैयार न हों...शायद उसे हल्का करने के लिए ही वह मुस्कराए और यह मुस्कराहट उनका पहला परिचय थी। उन्होंने अपनी दुभाषिया—जो एक अधेड़ चेक महिला थीं—को कुर्सी पर बैठने के लिए कहा, किन्तु वह उस समय तक बैठने के लिए तैयार नहीं थीं जब तक रॉब्ब ग्रिये स्वयं न बैठ जाएँ। कुछ देर तक वे दोनों झगड़ते रहे...रॉब्ब ग्रिये आख़िर तक अड़े रहे और हँसी की गूँज के साथ बेचारी महिला को पहले बैठना पड़ा।

रॉब्ब ग्रिये कैसे लेखक हैं, इसके बारे में मतभेद हो सकता है, किन्तु वह फ्रांसीसी हैं, इसके बारे में पहले चन्द मिनटों में ही किसी को सन्देह नहीं रहा। वैसे भी उन्हें पहचानना कठिन नहीं था—लम्बी इकहरी देह,

भूरी बड़ी आँखें, घने बाल और कटी-छँटी मूँछें—जो उनकी मुस्कराहट को एक साथ व्यंग्यात्मक और चमकीला बना देती थीं। पहली दृष्टि में ऊपर से नीचे तक वह एक अभिजात टूरिस्ट, दिखाई देते थे—एक ऐसे टूरिस्ट जो किसी होटल के टैरेस पर बैठकर नीचे सड़क पर चलनेवाले 'नेटिव' लोगों को एक रहस्यमय मुस्कराहट के साथ देखते रहते हैं...।

उस शाम रॉब्ब ग्रिये एक घंटा तक बराबर बोलते रहे—पूरे आत्मविश्वास के साथ। बोलते समय उनकी झेंप एकदम ग़ायब हो गई थी और अब वह एक निर्भीक, स्पष्ट चिन्तनवाले...कुछ-कुछ हठीले आलोचक दिखाई देते थे, जिन्हें अपने सिद्धान्तों पर तनिक मात्र शंका नहीं थी। उनके स्वर से जान पड़ता था, मानो वे बराबर किसी अदृश्य विरोधी से बहस कर रहे हों—तीव्र रूप से—लेकिन एक बहुत आकर्षक गरिमा के साथ—जिसमें पूर्वग्रह थे, लेकिन पूर्वग्रहों का अक्खड़पन नहीं था। न ही उबा देनेवाला बोझिलपन था जो अक्सर ऐसी बहसों पर खुरंड की तरह चिपक जाता है। यदि उनके व्यक्तित्व को एक शब्द में निचोड़ा जा सके तो अंग्रेज़ी शब्द 'ग्रेसफुल' के अलावा मुझे कोई दूसरा शब्द नहीं सूझता...।

उनके इस 'ग्रेस' या सहज विश्वास पर यदि कभी सलवटें दिखाई दीं, तो सिर्फ़ एक बार, जब वे एक प्रश्न का उत्तर देते हुए सार्त्र की आलोचना का उल्लेख कर रहे थे। उस समय वह काफ़ी उत्तेजित हो आए थे—चेहरा हल्का-सा तमतमा गया था और मुझे यह सब काफ़ी अच्छा लगा क्योंकि उस क्षण पहली बार एक सिद्धान्तवादी आलोचक के खोल से उनके उपन्यासकार का चेहरा बाहर झाँका था—आत्मीय, ज़िद्दी और कुछ-कुछ खोया-सा, मानो सार्त्र और उनके बीच कोई बहुत पुरानी बहस हो जिसका सिरा वह उस शाम प्राग में दुबारा पकड़ने की कोशिश कर रहे हों।

लेकिन सार्त्र और उनकी लड़ाई के बारे में बाद में।

यहाँ रॉब्ब ग्रिये के भाषण की अक्षरश: रिपोर्ट देना असम्भव होगा—कदाचित् अनावश्यक भी। केवल कुछ दिलचस्प और महत्त्वपूर्ण हिस्से चुने जा सकते हैं, जो सम्भवत: उनके आग्रहों पर कुछ रोशनी डाल सकें। भाषण के बाद उनसे अनेक प्रश्न पूछे गए...मैं उनके उत्तरों को अलग से न देकर मूल पाठ में ही शामिल कर रहा हूँ।

"नये उपन्यास में 'नया' कुछ नहीं है,"...रॉब्ब ग्रिये ने हल्के मज़ाक़ से अपना भाषण शुरू किया। "दोस्तोएव्स्की और फ्लॉबेयर ने भी 'नये' उपन्यास लिखे थे—अपने समय के लिए। इसीलिए मुझे यह बात काफ़ी अजीब लगती है कि एक ओर सोवियत संघ के समाजवादी आलोचक और दूसरी ओर फ्रांस के बुर्ज़ुआ साहित्यकार निन्दात्मक स्वर में हमारे उपन्यासों को 'रूपवादी' कहते हैं। किन्तु 'रूपवादी' किस अर्थ में? हर महत्त्वपूर्ण लेखक जिस विधा में काम करता है—चाहे वह उपन्यास हो या कविता या ड्रामा—उसके रूप या फ़ॉर्म को बदलता है। महत्त्वपूर्ण परिवर्तन हमेशा रूप में होता है, कंटेंट या विषयवस्तु में नहीं। अगर ईमानदारी से देखें तो प्राचीन साहित्य से लेकर अधुनातन कृतियों की विषयवस्तु एक दायरे में सीमित है, जबकि उनके रूप हर महान् लेखक ने अपने तरीक़े, अन्दाज़ और अनुभव के आधार पर बदले हैं, तोड़े-मरोड़े हैं, विकसित किये हैं। यह अलग बात है कि उन नये रूपों को शुरू-शुरू में समझा न जाए या उन्हें अस्वीकृत कर दिया जाए। लेकिन यह असमझ और अस्वीकृति ज़्यादा देर तक क़ायम नहीं रहती। फ्लॉबेयर ने उपन्यास को जो एकदम नया रूप दिया था, उसका उनके समय में तीव्र विरोध किया गया...लेकिन आज साधारण पाठकों को फ्लॉबेयर को समझने में कोई परेशानी महसूस नहीं होती। पचास वर्ष बाद शायद आलोचकों को मेरे उपन्यास भी बहुत 'सरल' जान पड़ेंगे जबकि वे अपने समकालीन लेखकों की कृतियों को 'दुरूह' या 'रूपवादी' मानेंगे। जिस तरह मेरे समकालीन आलोचक मुझे यह उपदेश देते हैं कि

मुझे फ्लॉबेयर की तरह लिखना चाहिए, पचास वर्ष बाद शायद अन्य आलोचक अपने समकालीन लेखकों को यह राय देंगे कि उन्हें अपने उपन्यास रॉब्ब ग्रिये की तरह लिखने चाहिए।"

"किस दृष्टि से 'नया उपन्यास' परम्परागत उपन्यास से भी भिन्न है?"

"उन्नीसवीं शती के उपन्यासों में—उदाहरणतः बाल्ज़ाक के उपन्यासों में—हर पात्र का अपना अतीत है, वर्तमान है और भविष्य में जो होनेवाला है, उसके सूत्र और संकेत भी देखे जा सकते हैं। इन उपन्यासों में समस्त स्थितियाँ अन्तिम और सम्पूर्ण रूप से एक साँचे में ढली हुई हैं...उन्हें एक निश्चित समय और निश्चित दिशा के परिवेश में देखा जा सकता है। ये स्थितियाँ अन्तिम और सम्पूर्ण रूप से एक साँचे में ढली हुई हैं...उन्हें एक निश्चित समय और निश्चित दिशा के परिवेश में देखा जा सकता है। ये स्थितियाँ एक विशेष बिन्दु से शुरू होकर दूसरे विशेष बिन्दु पर जाकर ख़त्म हो जाती हैं। हर पात्र की अपनी एक ख़ास नियति है, जो एक चुम्बक पत्थर की तरह उसे अपनी ओर खींचती रहती है। उसके अपने सम्बन्ध हैं और उसकी जीवन-यात्रा इन सम्बन्धों के बीच—कभी उनके साथ और कभी उनके विरोध में—अनवरत चलती है। नये उपन्यास ने पहली बार बाल्ज़ाक के इन क्लासिक नियमों को अस्वीकारा है—अपने को समय और दिशा की निश्चित, लौहवत् मर्यादाओं से मुक्त किया है। हमारे उपन्यासों के पात्र अपने अतीत या भविष्य के बारे में कुछ भी नहीं जानते...थोड़ा-बहुत जो कुछ जानते भी हैं, वह इतने डाँवाँडोल और सन्दिग्ध ढंग से कि उसका 'जानना' उन्हें अपने वर्तमान के लिए अभिशाप-सा जान पड़ता है ('हिरोशिमा मोनामूर' की नायिका का अपने अतीत के बारे में जानना कुछ इसी तरह का 'जानना' है)। हर पात्र की नियति अज्ञात है या दूसरे शब्दों में वह स्वयं उपन्यास की प्रक्रिया में अपनी नियति को खोजता है।

पाठक या ख़ुद लेखक के पास कोई ऐसी बनी-बनाई कुंजी नहीं, जिसके द्वारा वह उसकी नियति का पता चला सके।"

इस सन्दर्भ में रॉब्ब ग्रिये ने काफ़्का के उपन्यासों का उल्लेख किया जो उनकी दृष्टि में नये उपन्यास की सम्भावनाओं और चेष्टाओं को आलोकित करते हैं।

" 'कासल' के नायक के पारिवारिक सम्बन्धों, माता-पिता, मित्रों और प्रेमिका इत्यादि के बारे में हमें कुछ भी नहीं मालूम—आख़िर तक पता नहीं चलता कि वह कहाँ से उस गाँव में आया है, किसने उसे वहाँ भेजा है और किस नियति की खोज में है। पात्रों और स्थितियों का 'निर्माण'—यदि उसे निर्माण कहा जा सके—किसी बाह्य एजेंसी के द्वारा नहीं किया गया है—वे उपन्यास की प्रगति के साथ जुड़ी हैं और उपन्यास में ही उनका आरम्भ, विकास और अन्त होता है। नये उपन्यास की यह उल्लेखनीय विशेषता है कि उसमें पात्र और स्थितियाँ 'ढले-ढलाए' रूप में नहीं आतीं, वे 'तैयार माल' नहीं हैं—अपना सृजन वे स्वयं करती हैं। यही कारण है कि नये उपन्यास में समय की कोई सीमा नहीं—या दूसरे शब्दों में, वह 'शाश्वत वर्तमान' में जीवित है। वह कहीं से शुरू नहीं होता और कहीं अन्त नहीं होता, क्योंकि वर्तमान के अलावा उसके पास समय का कोई आयाम नहीं है।"

इस सन्दर्भ में रॉब्ब ग्रिये ने 'लास्ट इयर इन मरियनवाद' का भी उल्लेख किया। यह प्रयोगवादी फ़िल्म फ्रांस के 'न्यू वेब' स्कूल के प्रतिनिधि निर्देशक आले रेसने ने रॉब्ब ग्रिये के सिनीरियो के आधार पर बनाई थी।

"नई फ़िल्म की समस्या बहुत-कुछ वही है, जो नये उपन्यास की। हमने अपनी फ़िल्म 'लास्ट इयर इन मरियनवाद' में ऐसे दो पात्रों—नायक और नायिका—की रचना की थी जो एक काल्पनिक नगर में अपनी ज़िन्दगी गुज़ार रहे हैं। हमें उनकी अतीत या नियति के बारे में कुछ भी

नहीं मालूम था, हमें सिर्फ़ यह जानने में दिलचस्पी थी कि डेढ़ घंटे की फ़िल्म के दौरान वे क्या करते हैं, कैसे जीते हैं। उनका 'जीवन' फ़िल्म शुरू होने पर शुरू हुआ था और फ़िल्म ख़त्म होने पर ख़त्म हो गया था। नये उपन्यास की तरह उपर्युक्त फ़िल्म में भी नायक और नायिका चिरन्तन वर्तमान में जीवित थे और यह 'वर्तमान' निर्देशक या दर्शक का मानवीय समय नहीं था। यह फ़िल्म का समय था। फ़िल्म का वर्तमान था। अतीत से अनभिज्ञ और भविष्य के प्रति तटस्थ। फ़िल्म देखने के बाद अक्सर लोग हमसे पूछते थे कि अन्त में उन दोनों का क्या हुआ? यह प्रश्न निरर्थक था, क्योंकि नायक और नायिका का सृजन फ़िल्म के भीतर हुआ था और फ़िल्म के बाहर उनकी नियति या भविष्य के बारे में हमें कोई दिलचस्पी नहीं थी। इस दृष्टि से देखा जाए तो नायक और नायिका की स्थितियों के सृजन में दर्शक का उतना ही हाथ है जितना कि निर्देशक का। प्रायः नई फ़िल्म या नये उपन्यास पर यह अभियोग लगाया जाता है कि वे जनता से बहुत दूर चले गए हैं। सत्य इसके बिलकुल विपरीत है। कला के क्षेत्र में पहली बार ऐसा हुआ है कि नया उपन्यास या नई फ़िल्म अपने पाठकों और दर्शकों से सबसे अधिक सहयोग की माँग करते हैं—महज़ रसास्वादन के लिए नहीं, बल्कि सृजन की समूची जीवन्त-प्रक्रिया में।

"दरअसल जिसे आलोचक 'यथार्थ' की संज्ञा देते हैं, उसके प्रति हमारा दृष्टिकोण परम्परागत उपन्यासकारों से बिलकुल अलग है। 'पुराने' उपन्यास में यथार्थ कमोबेश मात्र में लेखक की 'कल्पना' या 'जीवन-दर्शन' या 'साहित्यिकता' द्वारा दूषित होता रहा है। सार्त्र और कामू जैसे लेखकों के उपन्यास भी दोष से मुक्त नहीं हैं। हम समझते हैं कि वस्तुगत (ऑब्जेक्टिव) यथार्थ का लेखक के अन्तर-जगत्, नैतिकता अथवा सौन्दर्यशास्त्र से कोई सम्बन्ध नहीं है। यथार्थ का 'मानवीकरण' करने की प्रक्रिया में लेखक उसे नक़ली और झूठा बना देता है,

क्योंकि तब वह वैसा नहीं रहता, जैसा वह सचमुच में है—वह सिर्फ़ लेखक के आग्रहों की छाया बन जाता है—विकलांग, विकृत और कृत्रिम। परिणामस्वरूप पुराना उपन्यास (और इस 'पुराने' में केवल उन्नीसवीं शती के उपन्यास ही नहीं हैं, अनेक समकालीन लेखकों के भी उपन्यास शामिल हैं) यथार्थ का सिर्फ़ एक पहलू ही देख पाता था। यदि उसके इस 'सत्य' की प्रामाणिकता को कोई चुनौती देता था, तो लेखक बहुत आत्मतुष्ट भाव से यह कह सकता था—'मैंने जो देखा, वही लिखा है।' हमारा दृष्टिकोण इससे भिन्न है। हमारे लिए यथार्थ लेखक से अलग है, बाहर और ठोस और अपनी जीवन-क्रिया में स्वयंचालित। इसीलिए हम उसे अनेक पहलुओं में देखते हैं और हर पहलू की अन्तहीन सम्भावनाएँ हैं और हर सम्भावना सन्दिग्ध है। हम पुराने उपन्यासकारों की तरह यह नहीं कहते कि 'यह चीज़ इस तरह घटी थी।' हम कहते हैं—'सम्भव है, वह इस तरह घटी हो, लेकिन वह दूसरी या तीसरी तरह भी घट सकती थी।' यह कारण है कि हमारे उपन्यासों में आपको कोई एक स्थिर या बना-बनाया केन्द्र-बिन्दु नहीं मिलेगा, क्योंकि वास्तव में ऐसा केन्द्र-बिन्दु सिर्फ़ लेखक की मानसिक उपज है—यथार्थ में उसके लिए कोई जगह नहीं।"

रॉब्ब ग्रिये ने इसी समस्या को एक दूसरे कोण से भी छूने की कोशिश की।

"पुराने उपन्यास में एक भ्रान्तिपूर्ण वस्तुस्थिति उत्पन्न की जाती थी। लेखक दुनिया और वस्तुओं के सम्बन्ध में प्रश्न पूछता था और अपने पात्रों और स्थितियों को इस तरह गढ़ता था, जिनके माध्यम से वह स्वयं उन प्रश्नों का उत्तर दे सके। किन्तु ये 'उत्तर' उसके पास पहले से ही तैयार थे और प्रश्न भी इन्हीं बने-बनाए उत्तरों से उत्पन्न होते थे। उन्हें यह नहीं मालूम था कि 'वस्तुओं की दुनिया' को उनके उत्तरों के प्रति कोई जिज्ञासा नहीं, क्योंकि वह अपने में स्वतंत्र है और

लेखक अपनी कसौटी से उन्हें नहीं नाप सकता। वस्तुएँ प्रश्न नहीं पूछतीं, न ही उत्तरों की अपेक्षा रखती हैं। वे सिर्फ़ हैं। जिस क्षण कोई लेखक उनमें अपनी भावनाएँ और अनुभूतियाँ भरने की कोशिश करता है ('उदास शाम' या 'हँसती लहरें'), उसी क्षण वे झूठी पड़ जाती हैं। वे अपने में न अच्छी हैं, न बुरी, सुन्दर हैं, न असुन्दर, नैतिक हैं, न अनैतिक—लेखक स्वयं अपनी नैतिकता और सौन्दर्य-दृष्टि उन पर थोपता है, जो ग़लत है, क्योंकि वस्तुएँ हमसे किसी भी 'मूल्यांकन' की अपेक्षा नहीं रखतीं। हम वस्तुओं के लिए हर प्रकार के विशेषण को निरर्थक समझते हैं। नये उपन्यास में 'वस्तुओं की दुनिया' को निपट वस्तुगत, तटस्थ रूप से पहचानने की कोशिश की गई है, भावनात्मक अथवा 'मानवीय' स्तर पर नहीं। यह पहचान वस्तुओं के साथ 'रागात्मक' सम्बन्ध स्थापित करने पर नहीं आ सकती, क्योंकि वस्तुएँ बिना इस सम्बन्ध के भी जीवित रहती हैं। वस्तुओं की दुनिया में प्रवेश करने के लिए लेखक को उतना ही 'वस्तुगत' बनना पड़ेगा, जितनी वस्तुएँ स्वयं हैं। पुराने उपन्यास में वस्तुओं के 'अर्थ' और 'महत्त्व' का विश्लेषण किया जाता था। हम सिर्फ़ उनका 'वर्णन' करते हैं, जो अपने में बहुत कठिन काम है, किन्तु यह काम ही नये उपन्यास को सही अर्थों में 'नया' बनाता है।"

अन्त में प्रश्नों का उत्तर देते हुए रॉब्ब ग्रिये ने कहा कि उनकी पुस्तकों के पाठकों की संख्या उत्तरोत्तर बढ़ रही है। अतः यह कहना ग़लत है कि 'नये उपन्यासकारों को सिर्फ़ नये उपन्यासकार ही पढ़ते हैं।' यह उल्लेखनीय बात है कि सागाँ की पुस्तकें शुरू-शुरू में बहुत लोकप्रिय हुई थीं, लेकिन समय गुज़रने के साथ उनकी लोकप्रियता इतनी अधिक बढ़ गई है कि आज उनके उपन्यासों के अनुवाद न केवल यूरोप की लगभग समस्त भाषाओं में होते हैं, बल्कि एशिया और अफ़्रीका की अनेक भाषाओं में भी, जिन्हें वे स्वयं नहीं पढ़ पाते।

सार्त्र की आलोचना का उत्तर देते हुए ("रॉब्ब ग्रिये की पुस्तकों का उस दुनिया में कोई महत्त्व नहीं, जहाँ लाखों बच्चे रोज़ भूख से मर जाते हैं,"—सार्त्र) उन्होंने कटाक्ष-भरे स्वर में कहा, "मैं समझता हूँ—सार्त्र की अपनी पुस्तकें भूख से मरते हुए बच्चों की ज़्यादा मदद नहीं करतीं। वास्तव में सार्त्र का विरोध नये उपन्यास से उतना नहीं जितना मात्र 'साहित्य' शब्द से है। वह साहित्य को सशंकित दृष्टि से देखते हैं। यह शायद इसलिए कि उन्हें स्वयं अपनी पुस्तकों—उपन्यासों—की श्रेष्ठता पर सन्देह है। यदि उनकी पुस्तकों को 'साहित्य' की संज्ञा दी जाए, तो सार्त्र को स्वयं बहुत बुरा लगेगा, क्योंकि कहीं भीतर वह यह जानते हैं कि वह अच्छे साहित्यकार नहीं हैं। मुझे लगता है कि यदि साहित्य की जगह उन्हें दर्शन या विज्ञान पर नोबेल पुरस्कार दिया जाता, तो उसे स्वीकार करने में उन्हें कोई आपत्ति नहीं होती।"

साहित्यकार की प्रतिबद्धता का उल्लेख करते हुए रॉब्ब ग्रिये ने एक उदाहरण दिया।

"अल्जीरियन युद्ध के समय मैंने भी अन्य फ्रांसीसी लेखकों के साथ विरोध-पत्र पर अपने हस्ताक्षर किये थे। उसके कुछ समय बाद ही मैंने रेसने के साथ मिलकर 'लास्ट इयर इन मरियनवाद' फ़िल्म बनाई। सार्त्र को इन दोनों बातों में एक अजीब-सा विरोधाभास दिखाई दिया। अपने एक लेख में फ़िल्म की आलोचना करते हुए उन्होंने आश्चर्य प्रकट किया कि रॉब्ब ग्रिये एक तरफ़ अल्जीरियन युद्ध का विरोध करते हैं, दूसरी तरफ़ एक ऐसी फ़िल्म बनाते हैं जिसमें अल्जीरिया का ज़िक्र तक नहीं। एक फ्रेंच नागरिक की हैसियत से मेरे लिए उसका कोई महत्त्व—कलात्मक महत्त्व—नहीं था। एक लेखक के रूप में मेरे लिए बहुत-सी अन्य समस्याएँ जीवन्त और महत्त्वपूर्ण हैं, जो शायद नागरिक की दृष्टि में गौण जान पड़ें। उलझन उसी समय उत्पन्न होती है, जब हम इन दो 'कर्तव्यों को अलग-अलग तरह से नहीं स्वीकार कर पाते।'

"लेकिन यह बहस रात-भर चल सकती है," रॉब्ब ग्रिये ने हताश भाव से मेज़ पर बिखरे प्रश्नों की पुर्ज़ियों को देखते हुए कहा, "और मैं नहीं समझता, आप सब लोग इस हॉल में मेरे साथ सारी रात बिताना चाहेंगे।"

उन्होंने मुस्कराते हुए अपनी इंटरप्रेटर को देखा जो शायद इस पसोपेश में पड़ी थीं कि वह उनके अन्तिम वाक्य का अनुवाद करे या वैसे ही छोड़ दे। रॉब्ब ग्रिये ने उनसे क्या कहा, मैं नहीं सुन सका, क्योंकि कुछ ही देर में लड़के-लड़कियों की भीड़ ने उन्हें घेर लिया था।

लैक्सनेस से साक्षात्कार

"मुझे आपसे मिलने का सौभाग्य एक बार पहले प्राप्त हो चुका है।"

"कहाँ?" उन्होंने कुछ आश्चर्य से पूछा।

"दिल्ली में। यह स्वाभाविक है कि आपको याद नहीं। वहाँ बहुत-से लोग जमा थे और मैंने अपनी किताब पर सिर्फ़ हस्ताक्षर लिये थे।"

"ओह, दिल्ली—मुझे वहाँ अवकाश का क्षण भी नहीं मिल सका," उन्होंने हँसते हुए अपने दोनों हाथ हवा में फैला दिये। "मैं ज़्यादातर सरकारी अफ़सरों के बीच घिरा रहता था। बहुत कम लोगों से मिल पाया—ऐसे लोगों से, जिनसे मिलना चाहता था।"

फिर उन्होंने प्रश्नों की झड़ी लगा दी। रिक्याविक कब आया, और कैसे आया, कहाँ ठहरा हूँ, कहाँ-कहाँ घूम चुका हूँ। फिर अचानक चुप हो गए और मेरी ओर देखते रहे।

"कैसा लगा आपको यह देश—आइसलैंड?" उनकी आँखों में बच्चों की-सी उत्सुकता झलक उठी।

"सौभाग्य से मैं अभी तक सरकारी अफ़सरों से मुक्त हूँ।"

वह हँसने लगे। वही लैक्सनेस थे—हालदौर विलियन लैक्सनेस। किन्तु आइसलैंड में शायद ही कोई उन्हें इस नाम से पुकारता है। सब लोग—स्कूल के बच्चों से लेकर टैक्सी-ड्राइवर तक—उन्हें 'विलियन' के नाम से ही जानते हैं। 'श्री' और 'जी' के बोझ से मुक्त उनका यह छोटा हल्का-सा नाम कुछ इस खुले, आत्मीय ढंग से पुकारा जाता है कि लगता है, जैसे वह साहित्य के नोबेल पुरस्कार-सम्पन्न लेखक न होकर कोई गली के पास-पड़ोसी हैं, जिनसे किसी भी क्षण गप-शप की जा सकती है।

लम्बा चेहरा, चौड़ी दृढ़ ठुड्डी, कुछ-कुछ सफ़ेद पड़ती मूँछें, संयत, शान्त आँखें—जिनमें कभी हल्का-सा परिहास, कभी अलसाया-सा व्यंग्य उभर उठता था—यही उनका व्यक्तित्व है, बहुत ही ग़ैर-रोमांटिक और नॉर्मल। शायद वह हमारे युग के सबसे नॉर्मल साहित्यकार हैं।

आइसलैंड की राजधानी रिक्याविक में उनके मकान के एक खुले हवादार कमरे में हम बैठे थे। पास ही खिड़की थी, जिसके परे मकानों की ऊँची-नीची छतें और उनके भी परे गर्मियों का नीला आकाश दिखाई दे रहा था। मेरे संग मेरे पुराने मित्र बरेन रॉय भी थे, एक ही जहाज़ में—वह लन्दन से, मैं प्राग से।

"आप कितने दिन यहाँ ठहरेंगे?" बैठते ही उन्होंने पूछा।

"पन्द्रह-बीस दिन—ज़्यादा-से-ज़्यादा।"

"बहुत कम अरसा है," उन्होंने तनिक धीमे स्वर में कहा। "लेकिन देश यह छोटा है और आप इतने कम समय में भी काफ़ी कुछ देख सकेंगे।"

"दो दिन पहले थिंग विलियर (आइसलैंड का एक महत्त्वपूर्ण ऐतिहासिक स्थान) से लौटते समय हमने आपका गाँव का मकान देखा था—हमें नहीं मालूम था कि इन दिनों आप वहीं रहते हैं।"

"हाँ, गर्मियों में मैं वहीं रहता हूँ, काम भी वहीं करता हूँ। मुझे ख़ेद है कि मैं आपको अपने उस घर में आमंत्रित नहीं कर सका। यहाँ मैं सिर्फ़ कभी-कभी एक-दो दिन के लिए चला आता हूँ...और इस मकान में आपको देने के लिए न कॉफ़ी है, न शराब..." उन्होंने कुछ क्षमा-याचना के स्वर में कहा, "वैसे दो घर कभी-कभी काफ़ी उलझन उत्पन्न कर देते हैं। आदमी न इस घर का रहता है, न उस घर का।" एक हल्की-सी मुस्कराहट उनके होंठों पर सिमट आई। "आप सिगरेट पिएँगे? मैं तो नहीं पीता लेकिन..."

मैंने अपना पैकेट बाहर निकाल लिया। इंटरव्यू कैसे लिया जाता है, मैं इसी उलझन में फँसा था। किन्तु इससे पहले कि मैं कुछ पूछ पाता, उन्होंने कहा, "आपने आइसलैंड आने का इरादा कैसे कर लिया? यहाँ तो बहुत कम विदेशी टूरिस्ट आते हैं...कम-से-कम अभी तक यह देश 'टूरिस्ट-हांट' नहीं बन पाया है।"

"टूरिस्ट कम आते हैं...यह ख़ुद में एक आकर्षण था यहाँ आने के लिए," मैंने कहा, "इसके अलावा स्कैंडेनेवियाई देशों के प्रति पुरानी जिज्ञासा रही है। यूरोप के अन्य देशों से वे काफ़ी भिन्न रहे हैं...और आइसलैंड तो शायद उनसे भी बहुत अलग रहा है।"

"आपको क्या कभी आइसलैंड के पुराने सागा-ग्रंथों को पढ़ने का अवसर मिला है?" उन्होंने पूछा।

"दुर्भाग्यवश ज़्यादा नहीं...अंग्रेज़ी में वे आसानी से उपलब्ध नहीं हो पाते। यहाँ आने से पूर्व मैंने 'न्याल-सागा' पढ़ा था, जो हाल में ही 'पेलिकन-सीरीज़' में प्रकाशित हुआ है।"

"हाँ, मैंने उसे देखा है। मेरे विचार में अंग्रेज़ी में उसका अनुवाद बहुत सफल रहा है...हालाँकि यह काफ़ी कठिन काम है। सागा-ग्रंथों की अपनी एक विशिष्ट शैली है, जिसकी गरिमा अनुवाद में सही-सही उतार पाना एक दुर्लभ चीज़ है।"

आपकी कुछ पुस्तकें पढ़ने के बाद मुझे ऐसा प्रतीत हुआ है कि आपने सागा-ग्रंथों से गहरी प्रेरणा प्राप्त की है—उनका ऐपिक-विस्तार और कठोर यथार्थवादिता। क्या यह सत्य है?"

"हाँ, बहुत हद तक। आइसलैंड का शायद ही कोई लेखक अपने को इन महान् साहित्यिक निधियों के प्रभाव से मुक्त रख सकता है। अपने उपन्यास 'हैपीवारियर्स' को लिखते समय मुझे लगभग पाँच वर्षों तक सागा-ग्रंथों का अनुसन्धान-अध्ययन करना पड़ा था। दुर्भाग्यवश अंग्रेज़ी में उसका अनुवाद बहुत ही ख़राब हुआ है। वैसे इसमें बेचारे अनुवादक को दोष देना बेकार है। मैं जानता हूँ, दूसरी भाषा में अनुवाद कितना सिर-दर्द का काम हो सकता है..."

"मि. लैक्सनेस, आपका देश यूरोप के मुख्य राष्ट्रों, मेट्रोपॉलिटन देशों से बहुत दूर और पृथक् रहा है, भौगोलिक और ऐतिहासिक दृष्टि से। क्या आपने अपने सृजन-कार्य में यह अलगाव महसूस किया है?"

"यह कहना शायद सही नहीं कि आइसलैंड यूरोपीय प्रभावों से अछूता या असंपृक्त रहा है। सत्रहवीं शताब्दी से पहले इंग्लैंड, फ्रांस और मध्ययुग में जर्मनी के सांस्कृतिक और धार्मिक आन्दोलनों ने आइसलैंड की जीवन-धारा को बहुत हद तक प्रभावित किया था।"

"और डेनमार्क का प्रभाव?" मैंने पूछा।

उनके होंठों पर हल्की-सी व्यंग्य-भरी मुस्कराहट उभर आई। "आपका मतलब है, डेनमार्क पर आइसलैंड का प्रभाव? शायद आपको यह बात अजीब लगे, लेकिन यह सच है कि आइसलैंड पर सैकड़ों वर्षों के डेनिश राजनीतिक प्रभुत्व के बावजूद डेनिश साहित्य या संस्कृति का हमारे देश पर कोई गहरा या स्थायी प्रभाव नहीं पड़ा। बल्कि यह कहना सत्य के काफ़ी निकट होगा कि साहित्य और कला के क्षेत्र में डेनमार्क को आइसलैंड से निरन्तर प्रेरणा मिलती रही है। यह तनिक आश्चर्य की बात है कि राजनीतिक प्रभुत्व और सांस्कृतिक प्रभाव हमेशा एक संग नहीं जाते!"

"आपने सृजन-प्रक्रिया में लेखक के अलगाव का प्रश्न उठाया है। अन्ततः यह 'मनुष्य के अकेलेपन' की समस्या है। मैं समझता हूँ, यह समस्या पश्चिम के आधुनिक लेखकों को काफ़ी पीड़ित करती रही है... लेकिन मैंने आज तक ज़िन्दगी में यह अलगाव या अकेलापन महसूस नहीं किया। मैंने कभी यह महसूस नहीं किया कि मेरे और दूसरे लोगों के बीच ऐसी कोई खाई है, जिसे पार नहीं किया जा सकता।"

"अकेलापन..." एक लम्बे क्षण तक वे चुप रहे। मैंने देखा, उनके माथे पर तीखी रेखाएँ खिंच आई हैं। फिर सहसा निर्णयात्मक लहजे में उन्होंने कहा, "नहीं, मैं नहीं समझता कि इस समस्या ने मुझे कभी पीड़ित किया है।"

"कुछ अरसा पहले अंग्रेज़ी नाट्य-आलोचक टॉयनन् से बातचीत करते समय सार्त्र ने कहा था कि आज के युग में कोई भी प्रतिगामी लेखक महान् साहित्य की रचना नहीं कर सकता। इस सम्बन्ध में आप क्या सोचते हैं?"

"इस कथन से सहमत होना काफ़ी मुश्किल है। वैसे मैं स्वयं एक ऐसा लेखक हूँ, जिसे लोग 'वामपंथी' या 'समाजवादी' कहते आए हैं। इसके बावजूद मैं सोचता हूँ कि अपने प्रतिगामी विचारों के रहते भी इलियट और कामू ने महान् रचनाओं की सृष्टि की है। और टैगोर की धार्मिक कविताएँ—क्या वे आपको आकर्षित नहीं करतीं? 'गीतांजलि' पढ़ते हुए मुझे आज भी आनन्द आता है...हालाँकि युवावस्था में मुझे टैगोर की कविताएँ ज़्यादा आकर्षित करती थीं।"

"क्या आज उनका महत्त्व आपके लिए उतना अधिक नहीं है जितना पहले था?"

"यह कहना कठिन है...लेकिन मेरे विचार में टैगोर पश्चिम के लिए अजनबी (उन्होंने इसके लिए 'एलियन' शब्द का प्रयोग किया था) ही बने रहेंगे।"

शाम हो चली थी, लेकिन खिड़की के बाहर रिक्याविक की छतों पर अब भी उजाले की परतें जमा थीं। अँधेरे के नाम पर महज़ एक धूमिल पीली रोशनी-सी फैल गई थी। हवा में पीली-मटियाली रोशनी, जो आधी रात तक समूचे शहर पर चमकीले, ठंडे जर्रों-सी बरसती रहेगी...।

इंटरव्यू ज़ारी था।

"अभी आपने पश्चिमी लेखकों के अकेलेपन की चर्चा की थी, मि. लैक्सनेस। क्या यह नहीं है कि आज के अणु-युग में कलाकार अपने अकेलेपन से बाहर आने की चेष्टा कर रहा है...या दूसरे शब्दों में यूँ कहें कि अणु-युद्ध की सम्भावना ने लेखकों पर क्या एक ऐसी ज़िम्मेदारी डाल दी है, जो शायद पहले किसी युग में उपस्थित नहीं थी?"

लैक्सनेस कुछ देर चुप रहे—शायद उन्हें लगा कि मैं उन्हें किसी विवाद में 'कॅमिट' करने की चेष्टा कर रहा हूँ (जो मेरी मंशा नहीं थी) और वह कदाचित् कुछ सतर्क हो गए।

"आज के प्रचार-युग में लेखकों की आवाज़ कोई विशेष महत्त्व या प्रभाव रखती है, मुझे इसमें सन्देह है। गम्भीर साहित्य की ओर भला कितने लोग ध्यान देते हैं? 'लाइफ़' और 'टाइम्स' की पत्रिकाएँ मेरी पुस्तकों से कहीं ज़्यादा लोकप्रिय हैं! सस्ती फ़िल्में, रेडियो, टेलीविज़न का गोरखधन्धा लोगों के दिमाग़ों पर इस क़दर हावी है कि कुछ भी सोचने-समझने का अवकाश उन्हें शायद ही कभी मिल पाता है। मेरे विचार में आज भी प्रत्येक छोटे-बड़े देश में राजनीतिज्ञों का ही बोलबाला है—आम लोगों की नियति उनके दाँव-पेच द्वारा ही नियोजित होती है। वैसे मेरे विचार में युद्ध निश्चित रूप से नहीं होगा, इसलिए नहीं कि लेखक अपनी शक्ति से उसे टालने में सफल होंगे, बल्कि इसलिए कि आज राजनीतिज्ञ भी अणुशास्त्रों की संहार-शक्ति से डरते हैं। पहले या दूसरे विश्वयुद्ध के पूर्व कई देशों में युद्ध के प्रति काफ़ी उत्साह पाया जाता था। आज मुझे कहीं, किसी देश में वह दिखाई नहीं देता..."

"आपका अभिप्राय है कि इस युग में लेखक एक असहाय गवाह होने के अतिरिक्त कुछ भी कर पाने में असमर्थ है?"

"मुझे सन्देह है कि वह वस्तुस्थिति में कोई बुनियादी परिवर्तन कर सकता है। दूसरे युद्ध के आरम्भ होने से पूर्व जर्मनी में अनेक ऐसे साहित्यकार थे, जिन्होंने फ़ासिज़्म का तीव्र विरोध किया था, किन्तु क्या उन्हें राजनीतिज्ञों की चालों के आगे कुछ भी सफलता मिल सकी?"

मुझे सन्तोष नहीं हुआ है। मैं आगे कुछ पूछनेवाला ही था कि अचानक मुझे एक 'लोकप्रिय' पत्रकार के शब्द याद हो आए; सफल इंटरव्यू का लक्षण यही है कि उसे बहस की दलदल में न फँसने दिया जाए। मैंने सतर्कता से अपने को दलदल से बचाते हुए वार्तालाप का रुख़ बदलने की चेष्टा की।

"क्या भारत से लौटने के बाद आपने इस सम्बन्ध में कोई संस्मरण लिखे हैं?"

"मैंने चीन और भारत की यात्रा लगभग एक ही समय में की थी। अक्सर मैं इन दोनों देशों की वर्तमान परिस्थितियों की तुलना करता रहा हूँ। इस सम्बन्ध में मेरे एक-दो लेख भी प्रकाशित हुए थे। दरअसल भारत के सम्बन्ध में मैं अभी तक कोई निश्चित या अन्तिम निष्कर्ष नहीं निकाल सका हूँ, किन्तु आपके देश में कुछ चीज़ों को देखकर मुझे गहरा आश्चर्य हुआ..."

वह अचानक कुछ झिझककर चुप-से हो गए, मानो कुछ हिचकिचाहट-सी महसूस हो रही हो। मैंने प्रार्थना की कि वह बिना किसी छिपाव-दुराव के अपने विचार प्रकट करें।

"देखिए, आप मुझे ग़लत न समझें। भारत के नेताओं के प्रति मेरे मन में हमेशा आदर-भाव रहा है। वे अत्यन्त सुसंस्कृत और सजग हैं, किन्तु उनके और भारत के सर्वसाधारण लोगों के बीच मुझे गहरा अन्तर दिखाई पड़ता है। गाँवों में लोगों के घरों को देखकर मैं

बिलकुल आश्चर्य में पड़ गया। न जाने वे वहाँ कैसे रहते हैं? मध्य-युग में भी यूरोप के लोग शायद ऐसे घरों में रहना पसन्द न करते? शायद भारत की गरम जलवायु में लोग इन तकलीफ़ों को बरदाश्त कर सकते हैं। ऊपर छत न हो तो बाहर सो लेने में कोई ख़ास दिक़्क़त नहीं। किन्तु यूरोप की जलवायु में लोगों के लिए चाहे वे कितने ही ग़रीब क्यों न हों, ऐसी परिस्थितियों में जीवित रहना असम्भव है...। मुझे एक और घटना याद आती है। वाराणसी में गंगा का पानी ऐसा नहीं, जिसे बहुत साफ़ कहा जा सके। वाराणसी म्यूनिसिपैलिटी के एक गाइड मेरे संग थे—सुशिक्षित युवक, साहित्य में एम.ए.। उन्होंने मुझे बताया कि लोग गंगा में नहाने नहीं, अपने पाप धोने आते हैं। उन्होंने यह भी कहा कि गंगा के पानी में कीटाणु नहीं हैं। मुझे यह जानकर गहरा आश्चर्य हुआ कि वह स्वयं इन बातों में विश्वास रखते थे, मेरा मतलब है, लोगों के पापों में, कीटाणुओं में नहीं...मुझे नहीं मालूम, किन्तु जान पड़ता है, भारतवासी कीटाणुओं में ज़्यादा विश्वास नहीं रखते।"

"क्या आपको ऐसे अन्धविश्वास कहीं और देखने को मिले?"

उनकी मुस्कराहट गहरी हो गई, आँखों में शरारत का-सा भाव चमक उठा।

"हाँ, एक बार बम्बई में एक उच्च हिन्दू परिवार द्वारा मुझे एक भोज में आमंत्रित किया गया था। दिलचस्प बात यह थी कि भोज के दौरान कई लोग मुझे ऑल्डस हक्सले समझते रहे, हालाँकि मेरी शक्ल उनसे ज़्यादा नहीं मिलती और विचार तो बिलकुल नहीं! किन्तु शायद इसी ग़लतफ़हमी के कारण एक भारतीय सज्जन मेरे पीछे पड़ गए। ज्योतिषशास्त्र में उनका गहरा विश्वास था और वह अपने तर्कों द्वारा मुझे भी अपना अनुगामी बनाने की भरसक चेष्टा कर रहे थे। आख़िर उनसे छुटकारा पाने के लिए मैंने कहा कि मेरे गुरु मार्टिन लूथर अनेक प्रकार के हास्यास्पद अन्धविश्वासों का शिकार थे—एकमात्र ज्योतिष विद्या को छोड़कर।

फिर भला मैं ऐसी विद्या में कैसे विश्वास कर लूँ, जिसे यूरोप के सबसे कट्टर अन्धविश्वासी 'महात्मा' ने अस्वीकृत कर दिया?"

इस पर हम सब हँस पड़े थे। श्री लैक्सनेस ने अपनी घड़ी देखी और मैं अपने अन्तिम प्रश्न को अधिक देर तक नहीं टाल सका, "आधुनिक भारतीय लेखकों की कुछ पुस्तकें आपकी नज़रों से अवश्य गुज़री होंगी। उनके सम्बन्ध में आपकी कैसी प्रतिक्रिया रही है?"

"आधुनिक भारतीय लेखक मुझे 'आधुनिक' नहीं जान पड़े। जो कुछ भी पुस्तकें मैंने पढ़ी हैं—और वे अधिक नहीं हैं—उनकी शैली बहुत कुछ मुझे यूरोप के पुराने लेखकों का स्मरण दिला जाती हैं...। भारत में मेरी मुलाक़ात एक ऐसे युवा लेखक से हुई जो ड्यूमा के भक्त थे। ड्यूमा के बाद भी यूरोप में साहित्य-सृजन होता रहा है, इसमें शायद उन्हें कोई विशेष दिलचस्पी नहीं थी। चीन में भी मेरा बहुत कुछ ऐसा ही अनुभव रहा है। चीनी विद्यार्थी—जिनसे मैं मिला—यूरोप के आधुनिक साहित्य से प्राय: अपरिचित जान पड़ते हैं। ह्यूगो, लफीत और रोलाँ—इससे आगे शायद उनकी जानकारी नहीं जाती। जब मैं भारत में था, बुद्धिजीवियों की एक गोष्ठी में मेरी भेंट एक जर्मन यहूदी महिला से हुई, जो किसी भारतीय से विवाह करने के बाद भारत में ही बस गई थीं। उन्होंने मुझे बताया कि उनके दो उपन्यास (अंग्रेज़ी में) इंग्लैंड में प्रकाशित हुए हैं। मैंने उन्हें बधाई दी। बाद में मुझे उनका एक उपन्यास पढ़ने का सौभाग्य प्राप्त हुआ। मुझे ख़ेद है कि उसके बाद मैं उनके दूसरे उपन्यास को पढ़ने का साहस नहीं बटोर सका, किन्तु मेरी ये प्रतिक्रियाएँ सीमित अनुभव पर आधारित हैं। मुझे इस बात का हमेशा दु:ख रहेगा कि भारत में मैं अनेक सार्वजनिक कार्यों में उलझा रहा, जिसके कारण मुझे अधिक संख्या में भारतीय लेखकों से मिलने का समय नहीं मिल सका।"

"आशा है, आप वहाँ एक बार फिर आएँगे...आजकल आप क्या लिख रहे हैं?"

"एक नाटक, नाम है 'चिम्नी प्ले'...शायद कुछ महीनों बाद उसका उद्घाटन रिक्याविक में ही होगा।"

"काश, उस समय तक हम यहाँ ठहर सकते!"

"नाटक के लालच से नहीं...किन्तु वैसे भी बेहतर होता कि आप कुछ ज़्यादा अरसे के लिए यहाँ ठहर पाते। रिक्याविक आपको कैसा लगा?"

"कुछ-कुछ गुड़ियों के नगर-सा," मैंने मुस्कराते हुए कहा।

हम उठ खड़े हुए थे।

"दुर्भाग्यवश बियर नहीं थी, वरना बातचीत ज़्यादा दिलचस्प हो जाती," उन्होंने हँसते हुए कहा।

हम उन्हें धन्यवाद देकर सीढ़ियाँ उतरने लगे।

इंटरव्यू सफल रहा या नहीं, मैं नहीं जानता। वैसे भी औपचारिक बातचीत के माध्यम से, जहाँ प्रश्नोत्तर की लक्ष्मण-रेखा पर बहस की दलदल से बचकर चलना हो, कुछ ज़्यादा हाथ नहीं आता। प्रश्न के तात्कालिक दबाव तले जो उत्तर दिया जाता है, वह कितना ढक लेता है, कितना उजागर करता है, जानना बहुत ही मुश्किल है। मुश्किल और भी बढ़ जाती है जब बातचीत लैक्सनेस-जैसे लेखक से हो, जो किसी भी विषय पर अपना निश्चित मत प्रकट करते हुए एक गहरी झिझक महसूस करते हैं। मुझे याद आता है, उनका हर वाक्य 'शायद' अथवा 'मुझे मालूम नहीं' से आरम्भ होता था और एक अजीब-सी असहाय मुस्कराहट पर आकर दम तोड़ देता था। इस दृष्टि से लैक्सनेस और अन्य स्कैंडेनेवियाई लेखक फ्रेंच लेखकों से बिलकुल विपरीत हैं। किन्तु इससे यह निष्कर्ष निकालना कि उनकी अपनी कोई आस्था नहीं है या कि वे बहुत 'सिनिकल' हैं (एक आरोप, जो अक्सर स्कैंडेनेवियाई लोगों पर लगाया जाता है) बहुत ग़लत और भ्रान्तिपूर्ण होगा। मेरा अपना कुछ ऐसा अनुभव रहा है कि लैक्सनेस उन बहुत कम लेखकों में से हैं—

और ऐसे लेखकों की संख्या आज के युग में दिन पर दिन कम होती जा रही है—जो अपनी आस्था कमीज़ की आस्तीन पर लटकाकर नहीं चलते। अपने उपन्यास—'एटम स्टेशन'—के एक पात्र के बारे में उन्होंने लिखा था कि वह हर आइसलैंडी की तरह, जिस चीज़ को जितनी गहराई और संवेदना से महसूस करता था, उसके सम्बन्ध में उतने ही रूखे और अनमने भाव से बातचीत करता था।

सोचता हूँ, क्या यह चीज़ स्वयं लैक्सनेस पर लागू नहीं होती?

चेख़ॅव के पत्र

किसी व्यक्ति के कमरे में दबे-पाँव चले आना, आँख बचाकर उसके रंग-ढंग, भाव-भंगिमा को देखना, यह सब कुछ देखना जो बाहर की दुनिया से हमेशा छिपा रहता है, शिष्टाचार के विरुद्ध भले ही हो, कौतूहलजनक और दिलचस्प अवश्य होता है। हम स्तब्ध-से मंत्रमुग्ध होकर देहरी पर खड़े रहते हैं। सहमी, चौंकी-सी निगाहें, भीतर की हर चीज़—लिखने की मेज़, कालीन, दीवारों के कोनों से झूलते हुए जाले को धीरे-धीरे छूती हैं। एक अलग-सा विश्व है—बाहर से अछूता, अपने में सिमटा हुआ। अँधेरा (बाहर की दुनिया की तरह) रोशनी को ढकता नहीं, सिर्फ़ उसे 'रिलीफ़' देकर मुक्त हो जाता है, और रोशनी अँधेरे की जगह नहीं घेरती, केवल इंगित करती है अपनी सीमा को, जहाँ वह ख़त्म होती है, और अँधेरा आरम्भ होता है।

जब हम किसी व्यक्ति के पत्र पढ़ते हैं (प्राय: ऐसे व्यक्ति के, जो अब नहीं रहा) तो कुछ-कुछ ऐसा ही लगता है। लगता है, जैसे क्षण-भर के लिए दरवाज़े का परदा उठ गया है; दबे-पाँव देहरी पार करके हम

कमरे के भीतर चले आए हैं—देखो...(हम अपने से कहते हैं) देखो—यह वह खिड़की है, जिसके बाहर याल्टा के समुद्र को देखते हुए चेख़ॅव मास्को के बारे में सोचा करते थे, जहाँ ओल्गा थी, मास्को आर्ट थिएटर था, सुबह-शाम जहाँ गिरजे के घंटे गूँजा करते थे...और देखो—(हमारी आँखें समय और स्थान के अन्तराल को पार करती हुई फ्रांस के एक उपेक्षित क़स्बे पर ठिठक जाती हैं) यह वह जीर्ण-जर्जरित कुर्सी है, जहाँ फ्लॉबेयर मछुए की समाधिस्थ, एकाग्र मुद्रा में काँटा डाले बैठे रहा करते थे ताकि भाषा की अतल गहराइयों के भीतर से एक ऐसे उपयुक्त शब्द को बाहर निकाल सकें जिसके बिना कोई वाक्य पिछले अनेक दिनों से अधूरा पड़ा है। हम एक दूसरे कमरे में जाते हैं—मेज़ पर रखे काग़ज़ों को छूते हैं, कुर्सी को सहलाते हैं, और फिर खिड़की के बाहर फैले उदास उनींदे समुद्र को देखने लगते हैं। हम उन घड़ियों को पुन: जी लेना चाहते हैं, जो इन कमरों में रहनेवाले व्यक्तियों की साक्षी (विटनेस) थीं। वे अब नहीं रहे, किन्तु पत्रों में उनकी उपस्थिति आज बरसों बाद भी उतनी ही ठोस, उतनी ही सजीव लगती है, जितना कभी उनका व्यक्तित्व रहा होगा।

यहाँ हमें यह मानना होगा कि पत्रों की अपनी एक विशिष्ट परिधि है, जिसकी सीमा-रेखा एक छोर पर डायरी को छूती है...मात्र छूती-भर है, किन्तु दोनों से अलग है। कहानी निरपेक्ष है, आत्मानुभूति के स्तर पर (सब्जेक्टिव है, ऑब्जेक्टिव के प्रति); डायरी आत्मानुभूत लेखा है, निरपेक्षता के स्तर पर (ऑब्जेक्टिव है, सब्जेक्टिव के प्रति); पत्रों में—विशेष लेखकों के पत्रों में—डायरी की आत्मानुभूति और कहानी की निरपेक्षता आधी-आधी बँट जाती है; इसलिए वे इतने दिलचस्प और आकर्षक लगते हैं। डायरी की निरावृत्त स्थिति पत्रों में ढक जाती है—उसी तरह, जैसे कहानी के ढके अंग उनमें खुल जाते हैं। कलाकृति का निर्वैयक्तिक मौन और डायरी का स्वकथ (मोनोलॉग), इन दो सीमान्तों को पाटने की ख़ातिर ही शायद पत्रों का आविष्कार हुआ होगा!

पत्रों में भी अन्तर है। एक साधारण व्यक्ति केवल पत्र लिखते समय चिन्तन करता है—अपने बारे में, अपनी आसपास की दुनिया के बारे में। तभी उनके पत्र कभी-कभी इतने गम्भीर, इतने भारी लगते हैं। लेखक अक्सर 'चिन्तन' से मुक्ति पाने के लिए ही पत्र लिखते हैं—अपने पत्रों में वे प्रायः एक हल्का-फुल्का-सा अन्दाज़ बनाए रखना चाहते हैं। चेख़ॅव और वर्जीनिया वुल्फ़ के पत्रों को पढ़कर अक्सर मन में सन्देह-सा उत्पन्न होने लगता है—ऐसा उल्लास, विनोद-व्यंग्य के पीछे एक हल्की-सी किरकिरी छिपी रह गई है। एक अदृश्य-सी छाया, जिसे हम देख नहीं पाते। लगता है, उनके पत्र खोलते बहुत कम हैं, छिपाते बहुत अधिक हैं या दूसरे शब्दों में, वे उतना ही कुछ खोलते हैं, जिसकी आड़ में असली चीज़ तिरोहित हो सके। चेख़ॅव का अन्तिम पत्र, जो उन्होंने मृत्यु से चार दिन पहले अपनी बहन को लिखा था, पढ़ते हुए एक अजीब-सी प्रतिक्रिया हमारे मन पर होती है। चेख़ॅव ने उस पत्र में अपनी बीमारी के बारे में बहुत कम लिखा है (जबकि वह जानते थे कि उनका अन्त बहुत दूर नहीं है), साहित्य के बारे में एक शब्द भी नहीं। अपने शारीरिक दुःख-दर्द को तीन-चार उड़ते वाक्यों में रफ़ा-दफ़ा कर दिया है। परेशानी का कारण कुछ और ही है, "जब से यहाँ (जर्मनी में) आया हूँ, मैंने एक भी स्त्री को सुन्दर, आकर्षण वेश-भूषा में नहीं देखा। सच, यहाँ की स्त्रियों में सुरुचि के अभाव को देखकर अक्सर मन खिन्न हो जाता है।"

चेख़ॅव के पत्र पढ़कर कभी-कभी आश्चर्य होता है कि इतना अलमस्त मौजी व्यक्ति किस प्रकार अपनी कहानियों में अवसाद और तिक्तता के गहरे रंग भर देता है। दूसरों के सामने अपने दुःख-दर्द को व्यक्त करने से वह बेहद घबराते थे। कभी किसी ने उन्हें दुनिया के प्रति गिला या शिकायत करते हुए नहीं देखा। ज़िन्दगी की हर ख़ूबसूरत चीज़—अच्छे भोजन से लेकर स्त्रियों की रंगा-रंग पोशाक तक—

उन्हें आकर्षित करती थी। जीवन का शायद ही कोई ऐसा पहलू रहा हो, जिसके प्रति वह उदासीन रहे हों। उनके पत्रों को पढ़कर लगता है कि वह अपनी ज़िन्दगी के हर क्षण को पूरी तरह निचोड़कर भरपूर जी लेना चाहते थे, मानो उन्हें पहले से ही मालूम हो कि उनकी ज़िन्दगी ज़्यादा लम्बी नहीं चलेगी। गर्मी की छुट्टियों में वह प्राय: मास्को से दूर एकान्त में काम करने के लिए छोटी-सी 'कॉटेज' किराए पर ले लिया करते थे किन्तु वहाँ जाने की देर नहीं होती थी कि सब मित्रों को अपने पास बुलाने के लिए धड़ाधड़ पत्र भेजना शुरू कर देते थे। उनसे बात करते हुए कभी स्वप्न में भी यह आभास नहीं होता था कि वह तपेदिक के रोगी हैं, कई रातें बिना आँख झपकाए अकेले कमरे में बिस्तर पर करवटें लेते हुए गुज़ार देते हैं। दूसरे लोगों की बात अलग है, अपनी पत्नी ओल्गा के सम्मुख भी वह अपने बारे में पूर्ण रूप से नहीं खुल पाते थे। ओल्गा को जो उन्होंने याल्टा से पत्र लिखे हैं, उनमें सतही बातों पर अधिक ज़ोर दिया जाता था; किन्तु अपनी मानसिक समस्याओं अथवा शारीरिक परेशानियों के सम्बन्ध में वह अक्सर मौन साध लिया करते थे। आख़िरी बीमारी के दिनों में वह बहुत अकेलापन-सा अनुभव किया करते थे और चाहते थे कि ओल्गा उनके पास कुछ दिन बिता सके। किन्तु उन्होंने पत्रों में अपनी यह इच्छा कभी प्रकट नहीं की। अपनी बीमारी में किसी अन्य व्यक्ति को अपने संग घसीटना उन्हें अनुचित और अरुचिकर लगता था।

अपनी कहानियों और अपने व्यक्तित्व के बीच अन्तर बताते हुए एक बार उन्होंने अपने एक पत्र में लिखा था :

> तुम्हें मेरी कहानियों के पात्र बहुत उदास और दुखी जान पड़ते हैं। यह मैं जानबूझकर नहीं करता, लिखते समय स्वत: ऐसा हो जाता है। मैं अपने को दुखी व्यक्ति नहीं मानता, कम-से-कम

> लिखते समय मैं अपने को हमेशा एक सुखद मन:स्थिति में पाता हूँ। यह बात हमेशा नोट की गई है कि लोग स्वभावत: दुखी और निराश होते हैं। वे बहुत हल्की-फुल्की, हँसी-ख़ुशी की चीज़ें लिखते हैं, जबकि शान्त और सुखी लेखकों की कृतियाँ अक्सर अवसादपूर्ण होती हैं। मैं एक ऐसा ही प्रसन्न व्यक्ति हूँ, कम-से-कम मैंने अपनी ज़िन्दगी के आरम्भिक तीस वर्ष आराम से बिताए हैं।

यह सतह है। वास्तव में जिन चीज़ों के प्रति चेख़ॅव की जितनी अधिक तीव्र संवेदना और सहानुभूति होती थी, जो चीज़ें उन्हें बहुत निकट से छूती थीं, उनके सम्बन्ध में वह कुछ भी कहने से कतराते थे। इस दृष्टि से वह दोस्तोएव्स्की की 'मेलोड्रेमेटिक' (आत्मपीड़ा) से उतना ही दूर थे जितना टॉल्स्टॉय के अराजक आदर्शवाद से। यह आश्चर्य की बात है कि जो व्यक्ति अपनी जान हथेली पर रखकर प्लेग से पीड़ित मरीज़ों की सेवा-शुश्रूषा करने एक गाँव से दूसरे गाँव भटकता फिरता है, वह अपने पत्रों में एक जगह भी उसकी चर्चा नहीं करता। चेख़ॅव साहित्यिक होने के अलावा एक डॉक्टर भी थे—मनुष्य के दु:ख-दैन्य को जितनी निकटता और नंगेपन में उन्होंने देखा था, शायद ही किसी लेखक ने देखा हो। इसलिए जन-कल्याण या सामाजिक न्याय के सम्बन्ध में किसी प्रकार की धार्मिक रूढ़िवादिता (दोस्तोएव्स्की) या भावुक आदर्शवाद (टॉल्स्टॉय) को वह बिलकुल थोथा और निरर्थक समझते थे। सम्भवत: यही कारण है कि आज हमें दोस्तोएव्स्की की डायरी ('राइटर्स डायरी') के हज़ारों शब्द कृत्रिम और आडम्बरपूर्ण लगते हैं, जबकि चेख़ॅव के पत्रों में छिपा मौन अधिक महत्त्वपूर्ण और मर्मस्पर्शी जान पड़ता है।

अपनी कृतियों के सम्बन्ध में चेख़ॅव ने अपने पत्रों में बहुत कम लिखा है। अक्सर वे मज़ाक़ उड़ाते रहते थे। उन्होंने कभी उन्हें अधिक

महत्त्व नहीं दिया, जो बाद में हानिप्रद सिद्ध हुआ। क्योंकि जैसा टॉमस मान ने एक जगह कहा है, चेख़ॅव की देखा-देखी—उनके आलोचक भी काफ़ी वर्षों तक उनके कृतित्व की उपेक्षा करते रहे। अपने लेखन के सम्बन्ध में उनके मन में एक अजीब-सी वितृष्णा और असन्तोष का भाव भरा रहता था। कभी-कभी तो वे सोचने लगते थे कि उनकी सब कहानियाँ व्यर्थ और निरर्थक हैं। साहित्य के इतिहास में शायद ऐसे लेखक बहुत कम मिलेंगे, जिन्होंने कला को एक नये क्रान्तिकारी मोड़ पर लाकर खड़ा कर दिया हो (जैसा चेख़ॅव ने कहानी-कला और नाट्य-कला में परिवर्तन किया था) और जो स्वयं अपनी इस अभूतपूर्व देन के प्रति असन्तुष्ट हों। क्या कला जीवन के लिए आवश्यक है? टॉल्स्टॉय के इस प्रश्न को वह निरर्थक समझते थे क्योंकि उनके विचार में कला जीवन की उत्कृष्टतम अभिव्यक्ति है। किन्तु अपनी कला की 'उपादेयता' (यदि सचमुच उनकी कहानियों के सम्बन्ध में हम यह शब्द प्रयुक्त करें!) के सम्बन्ध में वह हमेशा ही शंकालु थे। इसका कारण था, चेख़ॅव की कहानियाँ ऊपर से अत्यन्त विशृंखलित, निष्कर्षहीन और निरुद्देश्य-सी जान पड़ती थीं। विद्वान आलोचक उन पर 'लक्ष्यहीन लेखक' का आरोप लगाते थे। रूस की जिस संकटपूर्ण परिस्थिति में—जहाँ हर वर्ष हज़ारों लोग भूख और महामारी में मक्खियों की तरह मर जाते थे, जहाँ ज़ार की मध्ययुगीन बर्बरता के वातावरण में स्वतंत्रता की बात करना भी राजद्रोह माना जाता था—स्वयं चेख़ॅव को अपनी हल्की-फुल्की कहानियाँ अजीब-सी असंगत और अर्थहीन मालूम पड़ती थीं। तत्कालीन रूस के हर महान् लेखक की तरह वह अपने को कहीं न कहीं दोषमना (गिल्टी कॉन्शस)-सा पाते थे।

अपने मन के इस ऊहापोह और अनिश्चय को प्रकट करते हुए उन्होंने अपने मित्र सुरुकोव को एक पत्र लिखा था :

> जो लेखक अमर हो गए हैं, उनके साहित्य में हमेशा एक महत्त्वपूर्ण तत्त्व विद्यमान रहता था—वे किसी निश्चित लक्ष्य की ओर बढ़ते थे और दूसरों को भी अपने संग आने का आह्वान देते थे...।
>
> किन्तु क्या हम अपने बारे में यह कह सकते हैं? हमारा कोई भी लक्ष्य नहीं है—न दूर का, न पास का। हमारी आत्माएँ बिलियर्ड-टेबल की तरह नंगी और चपटी सपाट हैं। ऐसा व्यक्ति जो कुछ नहीं चाहता, किसी चीज़ की आशा नहीं करता, किसी से नहीं डरता, कभी कलाकार नहीं बन सकता।

साहित्य-सम्बन्धी सैद्धान्तिक बहसों में उन्होंने शायद ही कभी अपनी रुचि दिखाई हो—कम-से-कम अपने पत्रों में उन्होंने हमेशा उन्हें निरर्थक और सारहीन ही समझा है :

> साहित्य की 'कलात्मकता' एक ऐसा शब्द है, जिससे मैं उतना ही डरता हूँ जितना बनिये की बीवी भूत-प्रेत से। जब लोग मुझसे साहित्य की कलात्मक, अकलात्मक अथवा यथार्थवादी प्रवृत्तियों की चर्चा करते हैं, तो मेरे होश-हवास गुम हो जाते हैं। मैं ढुलमुल-सा जवाब देने लगता हूँ, जो प्रायः सारहीन अर्द्ध-सत्यों से भरे होते हैं और जिनका मेरी दृष्टि में एक कौड़ी का मूल्य नहीं होता। यदि तुम मुझसे पूछो, मैं शेक्सपियर को दोस्तोएव्स्की (तत्कालीन रूस का एक बहुत ही लोकप्रिय और घटिया लेखक) की उपेक्षा क्यों अधिक पसन्द करता हूँ, तो सचमुच कोई उत्तर नहीं दे सकूँगा।

ऐसे ही हैं चेख़ॅव के पत्र—संकल्प-विकल्प, व्यंग्य और विरोधाभास से भरे हुए। कला में 'सिद्धान्तहीन', किन्तु व्यक्तिगत जीवन में इतने कठोर सैद्धान्तिक। ड्राइफस के समय जोला का पक्ष लेते हुए उन्होंने

अपने पुराने मित्र सुरुकोव से हमेशा के लिए सम्बन्ध-विच्छेद कर लिया। साहित्य के प्रति अगाध प्रेम किन्तु अपनी रचनाओं के बारे में अजीब-सा हीन-भाव, व्यवहार में बहुत कोमल, ढुलमुल और संकोची, किन्तु मन के गुह्यतम कोनों में छिपी एक लौहवत् दृढ़ता—जिसे देखकर उनके मित्र अचम्भे में पड़ जाते थे। कौन जानता था कि तपेदिक से पीड़ित यह रुग्ण लेखक—जो केवल हल्के-फुल्के मज़ाक़ कर सकता है—अपने घर-बार, सुख-सुविधा से मुँह मोड़कर साइबेरिया के अभिशप्त बन्दियों की दुर्दशा अपनी आँखों से देखने के लिए हज़ारों मील की दुर्गम, बीहड़ यात्रा करने निकल पड़ेगा। जीवन के प्रति हल्का-सा 'एपीक्यूरियन' दृष्टिकोण, किन्तु हर प्रकार की असहिष्णुता और उच्छृंखलता का तीव्र विरोध करनेवाले, सुसंस्कृत व्यक्ति कौन होता है—इस सम्बन्ध में उन्होंने अपने शराबी भाई को एक लम्बा-सा पत्र लिखा था, जिसके कुछ अंश हम यहाँ देने का लोभ संवरण नहीं कर पा रहे हैं :

> तुम योग्य व्यक्ति हो किन्तु तुममें एक चीज़ का अभाव है—संस्कृति! एक सुसंस्कृत व्यक्ति के क्या लक्षण होते हैं—
>
> 1. वे समझदार, सहिष्णु और विनम्र होते हैं। यदि गोश्त ज़रूरत से ज़्यादा पक गया हो, तो वे थाली पटककर मुँह नहीं फुला लेंगे। घर में यदि कोई अनजबी आ जाए तो आँख नहीं तरेरेंगे और न ही दूसरे कमरे से आती हुई आवाज़ों को सुनकर झुँझलाएँगे।
>
> 2. वे दूसरों के सामने 'पोज़' नहीं करते, और न ही अपने गुप्त भेदों को ज़ोर-ज़बरदस्ती दूसरों पर थोपते हैं। दूसरे व्यक्ति के कानों का सम्मान करते हुए वे बोलने की अपेक्षा चुप रहना ही ज़्यादा पसन्द करते हैं।

3. वे लोगों की सहानुभूति अपनी ओर खींचने के लिए यह नहीं कहते, 'अरे, मैंने तो अपनी ज़िन्दगी को बरबाद कर दिया' या 'मुझे तो हमेशा लोग ग़लत समझते हैं।' क्योंकि ऐसी बातों से मात्र सस्ता छिछलापन ही प्रकट होता है।

4. वे डींग नहीं मारते। सही माने में जो व्यक्ति गुणसम्पन्न होते हैं, वे भीड़ में अपने को छिपाए रखते हैं और अपनी योग्यता का प्रदर्शन करने से हमेशा कतराते हैं। 'सुसंस्कृत व्यक्ति बनने के लिए 'पिकविक-पेपर' पढ़ लेना या फ़ास्ट के मोनोलॉग कंठस्थ कर लेना ही काफ़ी नहीं है।'

हम किताब बन्द करके खिड़की के पास आ खड़े होते हैं। जो पत्र साठ-सत्तर वर्ष पहले किसी भूले-भटके क्षण में लिख दिये गए थे (शायद ऐसी ही कोई दोपहर होगी, शायद आधा पत्र लिखने के बाद चेख़ॅव खोई-सी मुद्रा में पाइप लिये खिड़की के पास आ खड़े हुए होंगे), आज वह क्षण पाइप के धुएँ के संग किताब के पन्नों में दबकर रह गया है—कुछ उसी तरह, जैसे हम बचपन में फूल की लाल पंखुरी अपनी किताब के पन्नों के बीच रख देते थे और कुछ दिनों बाद अचानक उसे देखकर विस्मित-से हो जाते थे।

उस क्षण की तात्कालिकता, पंखुरी की ताज़गी की तरह, आज नहीं रही, किन्तु वह संकेत करता है उस जीती-जागती स्थिति की ओर, जब हमने पहले-पहल फूल को देखा था, उस क्षण को उसके कच्चेपन में जिया था। चेख़ॅव अपने पत्रों में हमेशा एक 'कैज्युअल'-सा भाव रखते थे, जैसे कोई बर्फ़ की पतली-सी परत पर स्केट करता हुआ एक को छूकर दूसरे खम्भे की ओर बढ़ जाता है। आहत, अभिमान, किसी ग़लतफ़हमी का दुःख, घरेलू परेशानियाँ, आलोचकों की निन्दा-भर्त्सना—ये सब कुछ ऐसे ऊँचे-नीचे तट हैं, जिन्हें अनजाने में चेख़ॅव ने हमारे लिए छोड़ दिया है।

चेख़ॅव की कहानियों की तरह उनके पत्रों में किसी 'शाश्वत सत्य' के दर्शन नहीं होते, वे केवल तात्कालिक क्षण को ही उजागर करते हैं। उन्हें पढ़कर हल्की-सी खीझ होती है, क्योंकि वे किसी निष्कर्ष पर नहीं पहुँचते—लगता है, जैसे कोई धुन अधूरी ही बीच हवा में झूलती रह गई है, उसे 'फिनिशिंग-टच' देने के लिए जिन अन्तिम सुरों की हम प्रतीक्षा करते हैं, वे कभी नहीं आते।

किन्तु शायद पत्रों की इस 'कैज्युअल-टोन', इस अधूरेपन में ही उनकी सहज आत्मीयता, उनकी सार्थकता निहित है। जो पत्र 'शाश्वत सत्यों', गुरु-गम्भीर सिद्धान्तों का निरूपण करते हैं, जिन्हें लेखक भविष्य की ओर देखते हुए लिखता है—वे महत्त्वपूर्ण होते हैं या नहीं, कहना कठिन है—रूखे, नीरस और उबा देनेवाले अवश्य ही होते हैं। पत्रों का यदि कोई शाश्वत सत्य है—तो उनकी तात्कालिकता में। प्रस्तुत क्षण की धड़कन और तरलता, झटके और झनझनाहट, धूल और पसीने के मैले, बुसे लिफ़ाफ़े में बन्द होकर ही वे पत्र भविष्य तक पहुँच पाते हैं—बाक़ी सब सजे-सँवरे 'सत्य' उन बैरंग पत्रों-से होते हैं, जिन्हें भावी पीढ़ी बिना पढ़े लौटा देती है।

किन्तु चेख़ॅव के पत्रों की तात्कालिकता जहाँ उन्हें दिलचस्प बनाती है, वहाँ एक सीमा-रेखा भी खींच देती है, जिसके पीछे सब बत्तियाँ धीरे-धीरे बुझ गई हैं। उनके पत्रों की हर पंक्ति के बीच कुछ धुँधले अस्पष्ट-से 'अंडर-टोन' हैं, दबे रह गए हैं, जिन्हें हम महसूस करते हैं, छू कभी नहीं पाते। अपनी वैवाहिक ट्रेजेडी के सम्बन्ध में अन्त तक उन्होंने अपने पत्रों में एक शब्द भी नहीं लिखा।

साखार्लिन (साइबेरिया में स्थित) जाने के उनके निश्चय पर अनेक लोगों ने अपने विभिन्न मत प्रकट किये हैं—शायद वह अपने लेखन से असन्तुष्ट थे और नये अनुभव प्राप्त करना चाहते थे या शायद, जैसा उन्होंने सुरुकोव को अपने एक पत्र में लिखा था :

> हो सकता है, मुझे इस यात्रा से कुछ भी हाथ न लगे, किन्तु दो या तीन दिन तो अवश्य ही ऐसे होंगे, जिन्हें मैं आजीवन याद रखूँगा, जिनकी स्मृति अपने दु:ख या आनन्द के संग मुझे हमेशा कचोटती रहेगी।

कारण चाहे कुछ भी रहे हों, यह स्पष्ट है कि साखार्लिन जाने के पहले उनके पत्रों में अपने जीवन के प्रति गहरा असन्तोष प्रकट होता है—यह असन्तोष पूर्ण रूप से व्यक्तिगत जीवन को लेकर नहीं था, हालाँकि उसकी कटुता का एक बड़ा अंश उसमें शामिल रहा होगा। न ही इस निश्चय के पीछे कोई स्पष्ट सामाजिक या कलात्मक उद्देश्य नज़र आता है, परोक्ष रूप से उसका प्रभाव चाहे जो भी रहा हो। अपने पत्रों में जो कारण उन्होंने बताए हैं, वे एक-दूसरे से इतने भिन्न हैं कि शायद सही कोई भी नहीं है, या आंशिक रूप से सब सही हैं, किन्तु एक-दूसरे से वे इतने उलझ गए हैं कि स्वयं चेख़ॅव उन्हें एक-दूसरे से अलग नहीं कर पाते।

साखार्लिन की यात्रा ने—उसके निवासियों की यातनाओं-यंत्रणाओं ने—उन्हें एकबारगी झँझोड़-सा डाला था—और यही वह चाहते भी थे। वहाँ से लौटने पर उनके बाह्य जीवन में कोई विशेष अन्तर नहीं आया किन्तु यह निर्विवाद है कि जीवन के प्रति उनका दृष्टिकोण अधिक सजग, अधिक तीखा हो गया था :

> साखार्लिन जाने से पूर्व 'क्रूट्जर सोनाटा' पढ़कर मैं अभिभूत-सा हो गया। वापस आने के बाद मैं उसे एक बार फिर पढ़ गया हूँ और अब मुझे वह कहानी निपट थोथी और हास्यास्पद भी जान पड़ती है।

आज चेख़ॅव की मृत्यु को पचास वर्ष से अधिक बीत चुके हैं। उनकी कहानियाँ प्रत्येक देश में पढ़ी जाती हैं, हर छोटे-बड़े नगर में

उनके नाटक खेले जाते हैं। उनका महत्त्व असन्दिग्ध है। किन्तु उनके पत्रों को पढ़ते हुए क्षण-भर के लिए भी आभास नहीं होता कि हम किसी ख्यातिसम्पन्न, महत्त्वपूर्ण व्यक्ति के प्रवचन सुन रहे हैं। उनके पत्र अपने में आत्मीय, दिलचस्प और स्वतंत्र हैं...वे चेख़ॅव के हैं, यह बात गौण लगती है। इसी में शायद इन पत्रों का महत्त्व और चेख़ॅव की महत्ता निहित है।

पत्र समाप्त हो जाते हैं, किन्तु हम न जाने क्यों, कुर्सी से उठकर देहरी के बाहर नहीं जा पाते। लगता है, कोई अब भी पुस्तक के मुँदे पन्नों से बाहर झाँक रहा है—पिंसनैज के पीछे छिपी हुई हँसती उदास आँखें, कटी-छँटी फ्रेंच-कट दाढ़ी और किसी अप्रत्याशित शरारत से भरे होंठ, जो मज़ाक़ करने से पहले हल्के-से ऊपर उठ आए हैं—मानो झिझक रहे हों कि कहीं उनके मज़ाक़ से हम बुरा तो नहीं मान जाएँगे—यही चेख़ॅव हैं!

मक़बूल की हुसेनी क़लम

जब हम एक लेखक की 'आत्मकथा' पढ़ते हैं, तो वह उन्हीं शब्दों के माध्यम से अपनी 'कहानी' कहता है जो उसने अपनी कविताओं, उपन्यासों में प्रयोग किये थे किन्तु जब एक चित्रकार या संगीतज्ञ अपने जीवन के बारे में कुछ कहता है तो उसे अपनी 'सृजन भाषा' से नीचे उतरकर एक ऐसी भाषा का आश्रय लेना पड़ता है, जो एक दूसरी दुनिया में बोली जाती है, उससे बहुत अलग और दूर, जिसमें उसकी 'कलात्मा' अपने को व्यक्त करती है। वह एक ऐसी दुनिया है, जहाँ वह है भी और नहीं भी; उसे अपनी नहीं, अनुवाद की भाषा में बात कहनी पड़ती है। हम शब्दों की खिड़की से एक ऐसी दुनिया की झलक पाते हैं, जो 'शब्दातीत' है—जो बिम्बों, सुरों, रंगों के भीतर संचारित होती है। हम पहली बार उनके भीतर उस 'मौन' को मूर्तिमान होते देखते हैं, जो लेखक अपने शब्दों के बीच ख़ाली छोड़ जाता है।

हुसेन की आत्मकथा की यह अनोखी और अद्भुत विशेषता है कि वह 'अनुवाद' की बैसाखी से नहीं, सीधे चित्रकला की शर्तों पर, बिम्बों के माध्यम से अपनी भाषा को रूपान्तरित करती है। ऐसा वह इसलिए कर पाती है, क्योंकि उसमें चित्रकार हुसेन उस 'दूसरे' से अपना अलगाव और दूरी बनाए रखते हैं, जिसका नाम मक़बूल है, जिसकी जीवन-कथा वह बाँचते हैं, जिसने जन्म लेते ही अपनी माँ को खो दिया, जो इन्दौर के गली-कूचों में अपना बचपन गुज़ारता है, बम्बई के चौराहों पर फ़िल्मी सितारों के होर्डिंग बनाता है, कितनी बार प्रेम में डूबता है, उबरता है, उबरकर जो बाहर उजाले में लाता है, उनकी तसवीरें बनाता है...धूल-धूसरित असंख्य ब्योरे, जिनके भीतर से एक लड़के की भोली, बेडौल, निश्छल छवि धीरे-धीरे एम.एफ. हुसेन की प्रतिमा में परिणत होती है।

मक़बूल और हुसेन—इस आत्मकथा के दोनों ही सहयोगी लेखक हैं। जो कुछ मक़बूल के जीवन में घटता है, होता है, दु:ख, वासनाएँ, तृष्णा और संघर्ष—उसे हुसेन अपने जीवन्त बिम्बों में रूपान्तरित करते जाते हैं। मेरी समझ में हुसेन के चित्रों, शब्दों, ब्योरों का जादू इस एक शब्द 'रूपान्तरण' में समाहित किया जा सकता है। एक जादूगर की तरह कोई भी चीज़ उनके हाथों में आते ही अपना रूप बदल लेती है, कायाकल्प कर लेती है, रूसी गुड़िया की तरह उसके भीतर से अनेक लिलिपुटियन गुड़ियाएँ एक के बाद एक नये आकारों में प्रकट होने लगती हैं। यह संयोग नहीं, हुसेन की आत्मकथा अपनी प्राणवत्ता छोटे-छोटे ब्योरों, तफ़सीलों में ग्रहण करती है। ज़रा देखिए उसकी शुरुआत, जैसे आप शब्दों के भीतर से फ़िल्म का कोई 'सीन' देख रहे हों :

मिट्टी का घड़ा, चारपाई पर रखा, छत से लटकती लालटेन ख़ामोश। तकिये के नीचे किताब का चौदहवाँ पन्ना खुला,

टीन के सन्दूक़ में बेजोड़ कपड़े...गर्द के मैले
रंग की नीली कमीज़, साइकिल की टूटी चेन
मलमल का नारंगी दुपट्टा, बाँस की बाँसुरी
गुलाबी पतंग के काग़ज़ की पुड़िया में अँगूठी।

बचपन की यह कच्ची स्मृतियाँ समय के साथ पकती जाती हैं और मुद्दत बाद यह लालटेन, यह घड़ा, मलमल का दुपट्टा आपको कभी हुसेन की किसी फ़िल्म, किसी पेंटिंग, किसी कविता के भीतर दुबके दिखाई दे जाते हैं। ज़िन्दगी के प्रवाह में बहता हुआ कोई अदना-सा टुकड़ा, कोई भूला हुआ शब्द, कोई भोला-सा चेहरा विस्मृति के अँधेरे में ग़ायब नहीं होता, बरसों बाद खोए हुए मुसाफ़िर की तरह लौटकर हुसेन की वर्कशॉप में आश्रय पा ही लेता है।

एक पुरानी यहूदी कहावत है : 'ईश्वर का वास तफ़सीलों में रहता है।' ईश्वर के बारे में यह सच हो न हो, हुसेन की कला का सच यही है। उनकी 'आत्मकथा' पढ़ते हुए जो चीज़ तुरन्त आँखों को पकड़ती है, वह कोई भारी-भरकम विराट् सत्य नहीं, वह छोटी, नगण्य, निरीह चीज़ें हैं, जिन्हें इतिहास और राजनीति किनारे छोड़ जाती है, पर एक कलाकार एक स्कूली बच्चे की तरह जेबों में भरकर ले आता है। कोई भी तफ़सील इतनी ग़ैर-ज़रूरी नहीं, जो हुसेन की आँखों से ओझल हो सके—यहाँ तक कि बरसों बाद उन्हें यह भी नहीं भूला कि तकिये के नीचे किताब का चौदहवाँ पन्ना खुला था। रूसी-अमेरिकी उपन्यासकार नाबोकोव ने एक महान् कलाकार के लक्षण बताते हुए लिखा था कि वह उस आदमी की तरह है, जो मकान की नवीं मंज़िल से नीचे गिरता हुआ अचानक दूसरी मंज़िल की एक दुकान का बोर्ड देखकर सोचता है—'अरे, इसके तो हिज्जे ग़लत लिखे हैं!' हुसेन क्या उससे कम हैं? एक जगह लिखते हैं : "यदि फ़िल्म बनाते समय मैं शराब के गिलासों

की शकल से सन्तुष्ट नहीं होता, तो तुरन्त बाज़ार चला जाता था और इच्छा के अनुरूप गिलास ख़रीदकर ले आया करता था..."

शायद यही कारण है कि हुसेन की 'आत्मकथा' अन्य चित्रकारों के पत्रों, डायरी, जर्नल्स से इतनी अलग दिखाई देती है; वह सीधे-सीधे अपने चित्रों के बारे में कुछ नहीं कहती। वह उनके जीवन में होनेवाली घटनाओं, सुदूर देशों की यात्राओं, ख़ूबसूरत अविस्मरणीय लोगों की स्मृतियों और सबसे ज़्यादा ख़ुद अपने भीतर की भूल-भुलैयों में भटकने का लेखा-जोखा है। अजीब बात यह है कि उसे पढ़ते हुए दुबारा से हमारे स्मृति-पटल पर वे चित्र जीवित होने लगते हैं, जिन्हें मुद्दत पहले हमने किसी गैलरी, किसी संग्रहालय, किसी प्रदर्शनी में देखा था। अतीत की धूल के ऊपर उठते हुए दिखाई देते हैं वे खिलौने, जो बरसों पहले कनॉट प्लेस की गैलरी में देखे थे, और तभी पहली बार हुसेन का नाम कानों में पड़ा था। याद आती है वह 'ज़मीन', जो आज भी राष्ट्रीय संग्रहालय में देखी जा सकती है, और यद्यपि आज भूल गया हूँ कि वह कौन-सी प्रदर्शनी थी, जिसमें उस चित्र को देखा था, 'स्पाइडर एंड दि लैम्प', जिसके चेहरे मुझे आज भी वैसे ही 'हांट' करते हैं, मानो वे उनकी आत्मकथा में से निकलकर अभी-अभी बाहर आए हों। अमृता शेरगिल के बाद शायद हुसेन पहले भारतीय चित्रकार हैं, जिनके चित्रों को अपने विशिष्ट अलगाव में याद किया जा सकता है, जैसे हम किसी लेखक की अलग-अलग कृतियों को याद करते हैं, हुसेन की आत्मकथा पढ़ते हुए एक अद्भुत अनुभूति होती है। हम उनके चित्रों के माध्यम से उनके अतीत की ओर उन्मुख होते हैं, जबकि हुसेन के अतीत में अभी उन चित्रों का जन्म भी नहीं हुआ था।

हुसेन का समय एक लीक पर (unilinear) अग्रगामी दिशा में नहीं चलता। वहाँ बहुत-सी दिशाएँ एक-दूसरे में गुँथी दिखाई देती हैं, विभिन्न काल-खंडों का बहुआयामी 'कोलाज'। उनका अतीत कोई बीता

हुआ 'विगत' नहीं है, वह एक नदी की तरह उनके वर्तमान के पाटों पर बहता है—सतत प्रवहमान—जो कभी था, वह अब भी है। वहाँ कुछ भी नहीं बीता—न पंढरपुर की पोटली, न दादा की अचकन, न अपनी नई माँ के नंगे कोमल पैर, जो उनके घाघरे से बाहर निकल आज भी उन्हें चलती ट्रेन के डिब्बे में दिखाई दे जाते हैं। वह अपने दादा के इतने चहेते थे कि एक दूसरे के बिना रह नहीं सकते थे। जब छुटपन में किसी ने उनसे पूछा, 'तुम कहाँ से आए?' तो उत्तर देने में वह एक क्षण नहीं हिचकिचाए, 'दादा के पेट से।' हुसेन की दुनिया एक कार्निवल, एक उत्सव, एक मेला, एक सर्कस का मिला-जुला समारोह है—वहाँ सब कुछ सम्भव है।

समय की इसी उलटफेर के कारण हुसेन की 'आत्मकथा' चालू अर्थ में 'अतीत का संस्मरण' नहीं जान पड़ती। हुसेन अपने बचपन को नहीं याद करते, बल्कि स्वयं बच्चे की आँख से दुनिया को देखने लगते हैं, बीते को याद करने की बजाय उसे दोबारा से जीने लगते हैं और यह 'दुबारा' भी पहली बार की ताज़गी और टटकापन लेकर आता है, क्योंकि बीता समय अब इस 'बड़े बच्चे' की आँखों से एक नया समय जान पड़ता है—सनातन और चिरन्तन, जो कभी बूढ़ा, पुराना या बासी नहीं होता।

इसीलिए हुसेन की जीवनी को 'आत्मकथा' कहते हुए दुविधा होती है...'आत्म' इसलिए नहीं, क्योंकि वह हुसेन के व्यक्ति में एकनिष्ठ न होकर निरन्तर रामलीला के 'मुखौटों' के रंग-रंगीले वैविध्य में विभाजित होती दिखाई देती है—चाहे वह बचपन की जमना हो या टेलरमास्टर, निज़ामुद्दीन के शकूरा मिस्त्री हों या पोस्टमैन मोहम्मद नासिर। 'आत्म' का स्वरूप एक में नहीं, अनेक में प्रतिबिम्बित होता है...। सच्चे भारतीय अर्थ में शायद असली 'आत्म' वही है, एक होकर भी अनेक में दिखाई देता हुआ, जिसके मर्म को हुसेन ने पकड़ा है।

इस 'आत्म' की कथा एक अनुक्रमणिक (linear) नियम के लगे-बँधे 'पैटर्न' में नहीं चलती, जहाँ समय की अपनी सीढ़ियों का सोपान हैं, एक बिन्दु से दूसरे बिन्दु तक जाती हुई। हुसेन की आत्मकथा को हम एक व्यक्ति की कहानी की तरह नहीं, एक पेंटिंग की तरह देखते हैं, जहाँ सफ़े पलटने के बजाय सब तरफ़ें एक साथ मौजूद हैं, एक के बाद एक नहीं, एक साथ एककालिकता (Simultaneity) में। यहाँ अनेक चेहरों की पोर्ट्रेट गैलरी एक साथ दिखाई देती है, न कहीं से शुरू होती हुई, न कहीं जाती हुई। कोई चेहरा, कोई दृश्य, कोई कथा अपने 'पूरेपन' में नहीं, खंडित टुकड़ों में दिखाई देती है; सिर्फ़ उड़ान की एक झलक, एक संकेत, रेत पर गड़े पदचिह्न में ही कोई कला-सत्य अपनी स्मृति, अपना सौन्दर्य, अपना स्वप्न पीछे छोड़ जाता है।

हुसेन 'सम्पूर्णता' (Perfection) से कभी आकर्षित नहीं होते, उसके पीछे नहीं भागते। सम्पूर्णता का मतलब है—अन्त, समाप्ति, मृत्यु—जबकि हुसेन की कला का सत्य उसकी सम्पूर्णता में नहीं, उसके सातत्य में है, निरन्तरता के प्रवाह में कोई चीज़ पूरी हो कि अगली लहर का उन्मेष उसे आगे बहा ले जाता है। आश्चर्य नहीं, जब राजस्थान की पृष्ठभूमि में अपनी फ़िल्म—'थ्रू दि आइज़ ऑफ़ ए पेंटर'—बनाने के लिए फ़िल्म डिवीज़न के अधिकारी ने उनसे पूछा, 'फ़िल्म की कहानी क्या होगी?', हुसेन का उत्तर था, 'कोई कहानी, क़िस्सा नहीं, सिर्फ़ 'इम्प्रेशंस'। सुर हो, लय हो, कुछ शक्लें, कुछ सूरतें—एक छतरी, एक लालटेन, एक राजस्थानी जूता। पास में खड़ी गाय...'

हुसेन की दृष्टि में हर चीज़ का अपना ओज है, अपना आलोक, अपना ईश्वरीय अक्स। चीज़ की उपस्थिति में ही उसकी पवित्रता निहित है—जैसे अस्तित्व में इबादत हो और इबादत में उसका अर्थ। "लोगों की आम आदत है कि लालटेन को देखने की बजाय चारों ओर उसकी मौजूदगी की वजह ढूँढ़ते हैं। वह जल रही है तो रात, वह बुझी है तो दिन।

यह कोई नहीं देखता कि लालटेन किस नाज़-ओ-अन्दाज़ से ज़मीन पर टिकी है, उसके पेंदे की गोलाई से उठती दो सन्तुलित बाँहों के बीच धरी शीशे की चिमनी...गुम्बद की गोलाई और सम्पूर्ण ब्रह्मांड का सिमटा हुआ उजाला।"

यह हुसेन हैं, जो सिमटे हुए उजाले में सारा ब्रह्मांड देख लेते हैं। उनके लिए सुन्दरता उसमें नहीं है जिसका कोई प्रयोजन है, वह ख़ुद उसके होने में है, चाहे वह आकाश में उड़ते हुए पहाड़ ले जाते हुए हनुमान हों या—दो पहियों की साइकिल पर सवार हुसेन। साइकिल का जादू क्या पहाड़ की भव्यता से कम है? देखिए उनकी साइकिल स्तुति :

साइकिल की सीट इंसानी मुखड़ा। हैंडल दो बाँहें,
पैडल दो पैर...लड़का (हुसेन ख़ुद) पीछे कैरियर
पर सवार साइकिलिंग किया करता—जैसे
पूरी साइकिल उसकी गोद में हो या लड़का
साइकिल की गोद में। यह नहीं कह सकते,
कौन किसे गोद में लिये प्यार कर रहा है!

प्यार की यह पहेली वह केन्द्र-बिन्दु है, जिसके चारों ओर हुसेन का संसार घूमता है...वहाँ स्त्रियों के प्रति अनुराग प्रकृति के एक अभेद्य रहस्य, एक प्रच्छन्न राग की तरह अनुगुंजित होता रहता है; हुसेन के यहाँ कुछ भी निषिद्ध नहीं है—वहाँ बड़े-छोटे, ऊँच-नीच, पाँच सितारा होटल के गलियारे और निज़ामुद्दीन के ढाबों से उठता धुआँ—किसी के बीच कोई भेद, कोई अन्तर नहीं रहता। उनके लिए 'आधुनिकता' का मर्म जीवन के प्रति इस सूफ़ियाना दृष्टि में ही सन्निहित है, वह बाहर पश्चिम से आयातित होकर नहीं आता। एक बार हैदराबाद के ढाबे में समाजवादी नेता राममनोहर लोहिया से बहस करते हुए हुसेन ने आधुनिकता की बिलकुल निराली परिभाषा खोज निकाली।

निराली और ठेठ, शुद्ध भारतीय परिभाषा। "मॉडर्न आर्ट का एक मज़ेदार पेचीदा पहलू यह है कि देखनेवाला अपनी मर्ज़ी और मिज़ाज में तसवीर को ढालने का हक़ रखता है...एक लिहाज़ से मॉडर्न आर्ट का मिज़ाज अमीराना नहीं, 'डेमोक्रेटिक' है। जैसे कि 'देखने में व्यक्तित्व शहाना हो, लकीरों का तनाव ख़ुद्दारी का ऐलान करता हो, रंगों की शोखी स्वाभिमान से सम्पूर्ण हो'।"

लोहिया जी कुछ देर हुसेन को देखते रहे—आधुनिक कला का यह लोकतांत्रिक, लोकपक्ष उन्होंने पहली बार देखा था। उन्होंने उनकी पीठ थपथपाई और उत्साह में आकर बोले, "यह तो ठीक है, लेकिन यह जो तुम बिरला और टाटा के ड्राइंगरूम में लटकनेवाली तसवीरों के बीच घिरे हो, इनसे बाहर निकलो। 'रामायण' को पेंट करो। इस देश की सदियों पुरानी कहानी है...गाँव-गाँव इसका गूँजता गीत है, संगीत है...गाँववालों की तरह तसवीरों के रंग घुल-मिलकर नाचते-गाते नहीं लगते?"

जिस तरह आधुनिक कला की परिभाषा सुनकर लोहिया सकते में आ गए थे, उसी तरह 'रामायण' के बारे में लोहिया का कथन हुसेन को 'तीर की तरह चुभ गया'। बरसों तक वह उसके बारे में सोचते रहे और लोहिया जी की मृत्यु के बाद उनकी स्मृति में बदरीविशाल पित्ती, जो लोहिया के मित्र और हिन्दी साहित्यिक पत्रिका 'कल्पना' के सुविख्यात सम्पादक थे—उनके मोती भवन को 'रामायण' के लगभग डेढ़ सौ चित्रों से भर दिया। कोई दाम नहीं माँगा—सिर्फ़ लोहिया जी का मान रखा।

क्या यह अजीब विडम्बना नहीं है कि हुसेन के भीतर पहली बार जिस व्यक्ति ने भारतीय संस्कृति के महाकाव्यों—'रामायण' और 'महाभारत'—के प्रति प्रेम जगाया था, वह एक नास्तिक समाजवादी हिन्दू थे—उनसे कितना अलग—जिन्होंने कुछ वर्षों बाद उसी 'संस्कृति' के नाम पर अहमदाबाद की गुफ़ा में उनके चित्रों को तहस-नहस कर डाला था।

हुसेन के जीवन में धर्म ने उसी तरह चुपचाप प्रवेश किया था, जिस तरह 'सौन्दर्य' ने। बचपन में नाना के प्रभाव से उनके भीतर धर्म, दीन, अध्यात्म के प्रति एक गहरी आस्था उत्पन्न हुई थी। क़ुरान की आयतें उन्हें ज़ुबानी याद थीं। उनके चित्रकार मित्र रामकुमार बताते हैं, कैसे मॉस्को के होटल के कमरे में एक रात उनकी नींद खुली, तो हैरत में देखा, हुसेन नमाज़ पढ़ रहे हैं। हुसेन उस अर्थ में 'धार्मिक कलाकार' नहीं हैं, जहाँ किसी मत या मसीहाई सन्देश का अनुकरण किया जाता है। वह अनुकरण करते हैं, तो सिर्फ़ अपनी कल्पना का, जो सौन्दर्य के हर आवास को 'पवित्र स्पेस' में परिणत कर देती है। "तसवीर का बुनियादी ढाँचा, एक ईंट, एक क़दम से शुरू होता है—वह चाहे 'महाभारत' हो या 'कर्बला'।"

यह हुसेन के शब्द हैं, जिनके लिए एक चित्र की तीर्थयात्रा इसी एक क़दम, एक ईंट से शुरू होती है।

एकाकीपन से मुक्ति तक

यह प्रदर्शनी रामकुमार का महत्त्वपूर्ण सिंहावलोकन है और इस तरह 'देर आयद दुरुस्त आयद' है। वैसे तो अभी 'लेखा-जोखा' करने का समय नहीं आया है क्योंकि एक जीते-जागते, काम कर रहे, निरन्तर सृजनरत और आश्चर्यों से भरे कलाकार के कामकाज का 'लेखा-जोखा' नहीं किया जा सकता। रामकुमार के मामले में तो यह और भी कठिन है क्योंकि उनका काम पूरी तरह उनके जीवन से जुड़ा/समाहित है।

कठिनाई तब और भी बढ़ जाती है जब समझ में आता है कि हालाँकि इस तरह की बड़ी प्रदर्शनी किसी कलाकार के किसी विशिष्ट 'दौर' की प्रतिनिधि रचनाओं का संग्रह होगी लेकिन उसमें चुनिन्दा कृतियाँ ही होंगी। यह कलाकार द्वारा अतीत में किये गए चुनावों पर निगाह डालने का एक अवसर बन सकती है लेकिन इसमें अँधेरे में लगभग ले लिये गए और बीच राह छोड़ दिये गए निर्णय अनदेखे ही रह जाते हैं। आख़िर यह निश्चयपूर्वक कैसे कहा जा सकता है कि कई

मोड़ों पर 'छोड़ दी गई बाट' यात्रा का, इस मंज़िल तक पहुँचानेवाली बाट जितना ही महत्त्वपूर्ण हिस्सा नहीं थी? कैनवसों के बीच ख़ाली छूट गई जगहें राम की पेंटिंगों की एक नितान्त निजी परिचर्चा में 'संवाद' का हिस्सा बन जाती हैं।

परिचर्चा—हाँ, यहाँ प्रस्तुत रामकुमार के सिंहावलोकन को यही कहा जा सकता है, अतीत के विभिन्न युगों से आए विविध बिम्बों का एक ही स्थान और समय पर आ मिलना। और इन सबको एक साथ देखने पर अनुभव होनेवाला संप्रभाव पिछली प्रदर्शनियों को देखने के बाद बचे रह गए प्रभावों से नितान्त भिन्न है। उनके भौतिक रूप से एक-दूसरे के निकट होने का मात्रात्मक दबाव एक रहस्यात्मक ढंग से, किसी पेंटिंग पर हमारी प्रतिक्रिया की गुणवत्ता को ही परिष्कृत नहीं करता बल्कि और भी महत्त्वपूर्ण यह है कि वह रामकुमार के सम्पूर्ण कृतित्व से हमारे सम्बन्ध को पुन:परिभाषित करने में हमारी सहायता करता है। इस तरह सार्वजनिक सिंहावलोकन व्यक्तिगत आत्मविश्लेषण में बदल जाता है। पीछे की ओर दृष्टिपात करते आख़िर हम ख़ुद को अपने अन्दर देखते पाते हैं।

और हम जिसे देखते हैं, वह सचमुच एक आश्चर्य, या यों कहें कि आश्चर्यों की श्रृंखला की तरह आता है। अलग-अलग समयों की पेंटिंगों को एक साथ देखते हुए हम अचानक पाते हैं कि जो प्रस्तुत किया जा रहा है, वह कलाकार की प्रगति का एकीकृत इतिहास नहीं है बल्कि एक ही आख्यान में पिरोई गई दृष्टि की विविध आत्मरचनाएँ हैं—कहीं धुँधली, कहीं प्रकाशित, कभी अचानक उद्‌घाटन तक पहुँचती अनगढ़-सी शुरुआत।

निराश आकृतियों, सूने घरों और रुंड-मुंड लैंडस्केपों की अलग-अलग कालों की छितरी स्मृतियाँ सीमाओं को पार करके एक प्रतिरूप रचती हैं। पहले जो यात्रा मनमाने संक्रमणों, अतिक्रमणों, पारगमनों से भरी दिखती थी,

अब उसमें एक नैरन्तर्य, एक भवितव्य, एक सुसंगति दिखते हैं। संगति का बिन्दु सम्पुष्टि की अवस्थिति बन जाता है : यह सम्पुष्टि कभी घोषित नहीं की जाती, उद्‌घाटित की जाती है। बजाय इसके कि कलाकार अपनी कथा सुनाए, कथा अपनी आवाज़ पा लेती है। एक सौम्य, विवेकी स्वर जो अभिव्यक्त होने, आधुनिक युग के अन्तःक्षोभों और उत्तापों, उसकी क्रूर माँगों और सैद्धान्तिक प्रलोभनों से प्रभावित होने को उत्सुक होते हुए भी कभी उनके द्वारा सन्निवेशित नहीं होगी, अपनी स्वायत्तता बनाए रखेगी। रामकुमार उन गिने-चुने भारतीय कलाकारों में से हैं (शायद एकमात्र) जिनके पिछले पचास बरस के चित्र, 'मनुष्य की स्थिति' उसकी वेदना और एकाकीपन, मुक्ति की उसकी कामना और संसार जैसा है, उसी रूप में उसकी स्वीकृति के साक्षी हैं।

राम की कृतियों को समझने के प्रसंग में 'स्वीकृति' का सुर बहुत महत्त्वपूर्ण हो उठता है, स्वीकृति यहाँ कोई दार्शनिक भंगिमा या धार्मिक लक्षण नहीं, उनके उस संवेदन का एकात्म गुण है जिसकी पहली झलक हमें उनके लेखन में मिलती है। हमें भूलना नहीं चाहिए कि चित्रकला की ओर मुड़ने से पहले रामकुमार कहानीकार थे। सृजन का सुख उन्होंने पहले-पहल लेखन में पाया, बाद के वर्षों में यूँ तो उनका लेखन उनकी पेंटिंग के पीछे छिप-सा गया लेकिन वह निरन्तर उनका साथी बना रहा है, सांत्वना और पोषण के लिए वे बार-बार उसकी ओर मुड़े हैं। राम का पेरिस प्रवास आन्द्रे लोत और लेगर जैसे महत्त्वपूर्ण चित्रकारों के पास प्रशिक्षण पाने के कारण ही नहीं बल्कि एरागाँ और एल्वार जैसे कवियों से उनके गहन विमर्शों के कारण भी स्मरणीय हैं जिनके हस्ताक्षरित काव्य-संग्रह वे गर्व और उत्साह से कभी-कभी मुझे भिजवाते। मैं नहीं कह सकता कि 'मुक्ति के सिद्धान्त' के तौर पर राम किस हद तक साम्यवाद की ओर आकर्षित रहे। आज भले ही यह विडम्बना लगे लेकिन साम्यवाद उनके लिए आत्म-मुक्ति का एक स्रोत बना।

उसने उन्हें उनके मध्यवर्गीय अस्तित्व की अन्तर्बाधाओं से ही मुक्त नहीं किया, गहरे मायनों में मानव की स्थिति का कलात्मक रूपक ढूँढ़ पाने में भी मदद की जिसे वे अपनी शुरुआती कहानियों और उपन्यास में पहले ही बहुत यथार्थपरक ढंग से प्राप्त कर चुके थे। साम्यवाद, यूरोप, अस्तित्वात्मक अन्त:क्षोभ की अपनी यात्रा के माध्यम से ही राम अपने आत्मत्व को फिर से पा सके।

हम उनके लेखन की बात पर लौटें जो शायद उनके 'आत्मत्व' को गढ़नेवाली सबसे प्रबल शक्ति ही नहीं, चित्र में उनके शुरुआती अभियानों की आधारभूमि भी रहा। पेरिस से लौटने के बाद राम को करोलबाग के आसपास की शरणार्थी बस्तियों और कामचलाऊ झोंपड़पट्टियों का पास से अनुभव हुआ। यह पेरिस के कैफ़े के बौद्धिक भाईचारे से एकदम विपरीत अनुभव था। इन्हीं दिनों उन्होंने अरसे से अपना आउट ऑफ़ प्रिंट उपन्यास 'घर बने, घर टूटे' लिखा था। दरबदर हुए लोगों की यह दारुण गाथा बहुत किफ़ायतशार सादगी से कही गई थी, सस्ते क्रान्तिकारी आशावाद से अछूती। हालाँकि इसमें पहले उपन्यास की ऋजुता झलकती थी लेकिन राम के लिए यह सबसे विभीषिकाकारी अनुभव सिद्ध हुआ। इसने उन्हें मनुष्य के छिन्नमूल होने की पड़ताल का अवसर दिया, जिसे सिमोन वेल हमारे युग का प्रमुख 'आध्यात्मिक रोग' कहनेवाली थीं।

हम पल-भर के लिए इस दौर जिसे रामकुमार का 'आकृतिप्रधान दौर' कहा जाता है, के उनके चित्रों की ओर लौटें तो आश्चर्य से जड़ हो जाते हैं। उनकी कहानियों और पहले उपन्यास की स्मृतियों के अंश एक अलग प्रतिरूप रचते चाक्षुष बिम्ब की भाषा में ढलते हैं। राम की आकृतियाँ और वह शहरी परिदृश्य जिसमें वे स्थित हैं, किसी पूर्वस्मृति की आभा से दीप्त लगते हैं। जैसे उनके उपन्यास के मूक रह गए शरणार्थी छपे पृष्ठ की शरण छोड़कर उनके चित्रों के धुँधले-धूसर झोंपड़पट्टीवासियों

में रूपान्तरित हो गए हों। इन दोनों के बीच के सर्रियल सीमान्त प्रदेश में चित्रकार राम, अपने अन्दर के लेखक से मिलता है। यह 'मिलना' ज़्यादा नहीं चलना था क्योंकि बरस बीतते रहे और वे एक-दूसरे से दूर होते चले गए; रामकुमार शब्दों के वाचक के बजाय 'चित्रकारोचित चित्रकार' बनते चले गए।

लेकिन इस चरण पर भी दोनों के बीच अन्तर बहुत स्पष्ट था। बहुत मद्धम होते हुए भी उनकी कहानियों में मानवीय भावनाओं की गतिविधि सुस्पष्ट है। लेकिन उनके चित्रों में वह पूरी तरह जमी हुई है। घर-परिवार, बचपन की साझी स्मृतियों के सम्बन्ध-सूत्र जो उनकी कहानियों को एक ख़ास उदास उजास से भरते हैं, उनके चित्रों में अचानक चटके दिखते हैं। अग्रभूमि में सिकुड़ी पड़ी हतभागी आकृतियाँ अपने पर्यावरण से ही कटी नहीं दिखतीं, इससे भी ज़्यादा परेशान यह करता है कि एक-दूसरे से भी उनका अपरिचय ही है। वे हममें सहानुभूति और करुणा नहीं जगाते, हताशा भी नहीं, क्योंकि अपने तमाम अन्धकार के साथ भी हताशा मानवीय संवेदनाओं का अंग है। वे हममें आतंक जगाती हैं—एक अनाम आतंक, क्योंकि इसे नाम नहीं दिया जा सकता। अगर रामकुमार की आकृतियाँ बेहद वियुक्त लगती हैं तो इसका कारण यही है कि वे तमाम भावनाओं से वियुक्त हैं, पूरी तरह भावहीन; अपनी निश्चलता में जमी वे हमें अन्दर तक जमा देती हैं। ऐसा भी नहीं है कि रामकुमार की आकृतियों में ज़बरदस्ती किया गया विघटन या विरूपण है। तमाम रूढ़ांकन के बाद भी देहों के मानवीय आकार, उनके हड़ियल चेहरे और विस्फारित आँखें पहचाने जा सकते हैं। यहाँ तक कि उनमें एक ख़ास क़िस्म का निस्तेज सौन्दर्य तक है। लेकिन भावना और तत्त्व में वे किसी दुर्घटना के विरूप हो गए शिकार दिखते हैं—एक ऐसे अनर्थकारी विनाश के शिकार, जिसके बारे में हम कुछ नहीं जानते और जिसकी ख़ुद उन्हें भी ख़बर नहीं।

रामकुमार के चित्रों के सन्दर्भ में इसे 'विराग/विरक्ति का दौर' कहा गया। मज़े की बात यह है कि रामकुमार के मामले में 'विराग/विरक्ति' का उपयोग आलोचकों के पूर्वग्रह के उस चश्मे पर निर्भर रहा जिससे उन्होंने उनके चित्रों को देखा। आज आधी सदी बाद उस दौर के रामकुमार के चित्रों के देखते हुए यह चश्मे ख़ासे पुराने लगते हैं। और ऐसा भी नहीं है कि दोष सिर्फ़ आलोचकों का ही रहा, रामकुमार के अतीत के राजनीतिक झुकावों और उनके लेखन के भ्रामक 'यथार्थवाद' ने कइयों को भरमाया। इन चित्रों द्वारा जगाए गए अस्पष्ट आतंक की आँखों में आँखें डालकर देखने की जगह उन्होंने उससे बच निकलने के लिए उसे किसी क़िस्म के 'सामाजिक-ऐतिहासिक' परिप्रेक्ष्य में बैठाने का प्रयास किया और इस तरह जैसे उसे तिलांजलि दे दी। जीवन की ही तरह कला में भी जो सतह पर दिख रहा है, उसके उत्स तक पहुँचा जा सकता है, लेकिन उत्स तक पहुँचने की यह प्रक्रिया अगर जो दिख रहा है एक पूर्ण विकसित जीवन, एक सम्पूर्ण कलाकृति उसके अन्तर्निहित रहस्य जिसे गेटे 'व्यक्त का रहस्य' कहते हैं, को उजागर न करे तो तमाम स्पष्टीकरण व्यर्थ हो जाते हैं, हमारी हथेलियाँ रीती ही रह जाती हैं।

इस दौर के निर्जनता और उद्ध्वस्तता के प्रतीक हमें अवसन्न और आकुल करते हैं, यह प्रतिक्रिया अस्तित्वात्मक परिताप जैसी ही है। पहले परिलक्षित मानवीय भावनाओं का पूरी तरह पथरा जाना, इसकी पुष्टि ही करता है। ऐसा लगता है कि आकृतियाँ बाहर—समाज, इतिहास और अन्य मनुष्यों—से इतनी विरक्त नहीं हैं जितनी अपने आपसे हैं, और यह उनमें सहजात है। तब क्या हम इसे उन्हीं मायनों में 'अस्तित्वात्मक' कह सकते हैं जिनमें हम इसे यूरोपीय सन्दर्भ में समझते हैं?

धार्मिक या अनीश्वरवादी अस्तित्वात्मक परिताप/वेदना अनुपस्थिति से सामना होने पर जन्मता है—संसार में ईश्वर की अनुपस्थिति या अर्थ की अनुपस्थिति से व्यथित संसार। इसका अर्थान्वय जैसा भी किया जाए, यह मानवीय अर्थों में अनुभूत होती है। एक अनुभूत अनुपस्थिति जैसे अस्तित्व का कोई अंश अचानक टूट गया है, भुला दिया गया है, सदा के लिए चला गया है। यह अनिकेतनता की वैसी ही अनुभूति जिसे हेडेगर ने इन शब्दों में व्यक्त किया है : "हम तब पहुँचे जब देवता जा चुके थे और अस्तित्व का आना बाक़ी था।" इसी से वेदना है, उद्ध्वस्तता है, कुछ खो बैठने और खो गए होने की वह अनाथवत् अनुभूति है। कलाकार के रूप में रामकुमार इस अनुपस्थिति से हतप्रभ या खिन्न नहीं हैं, क्योंकि वे इसे सहज मानते हैं। वे इसे मानवीय वंचन नहीं, अस्तित्व की एक स्थिति मानते हैं। अगर यह किसी महाविनाश का उत्पाद है तो वह महाविनाश विस्मृति के आवरण में छिपे किसी हिमयुग में घटा होगा। अपने चित्रों में रामकुमार अनुपस्थिति के परिताप को 'निरूपित' करने का प्रयास नहीं कर रहे, वे तो बस आकृतियों को चित्रित करते हुए उस शून्य को भी चित्रित कर रहे हैं जो उनके अस्तित्व के अन्तर्तम में बसा है। राम के चित्रों के रहस्य की कुंजी अगर मार्क्सवादी समीक्षकों के हाथ नहीं लग पाई तो अस्तित्वात्मक व्याख्याकारों के लिए भी उसकी शून्यता, उसका अनस्तित्व अनबूझ ही रहे।

इसी बीच बहुत चुपचाप, लगभग अननुभूत ढंग से रामकुमार के चित्रों में कुछ घट रहा था। राम की कला-यात्रा में बहुत महत्त्वपूर्ण रही आकृति पीछे हटने लगी थी, धीरे-धीरे, झिझकते हुए वह हाशिए की ओर सरकती क्षितिज के गहरे धूसर और भूरे रंगों में सिमटने लगी थी। और अब तक पृष्ठभूमि में अस्पष्ट ढंग से घात-सी लगाए टुटहे घरों की धुँधली रूपरेखाएँ, शहर की छतों की झलक, बिजली के खम्भे का ऊर्ध्वाधर दबाव/प्रणोद अचानक जैसे आकृतियों को हाशियों पर धकेलकर

मुख्य मंच पर आसीन हो गए। कई बार कुछ सिम्फनिक संगीत रचनाओं में प्रील्यूड/पूर्वरंग में फुसफुसाते से स्वरसमूह अन्तिम भाग में अचानक उत्तरोत्तर ऊँचे उठते हुए उस पर छा जाते हैं जबकि बाक़ी स्वर धीरे-धीरे मद्धम पड़ते जाते हैं। कुछ इसी तरह रामकुमार के चित्रों में भी पहले पृष्ठभूमि में अस्पष्ट ढंग से छिपे मोटिफ़ से लगते तत्त्व अब आकृतियों को हाशिए पर धकेलकर और फिर उनका पूरी तरह सफ़ाया करके पूरे स्पेस पर छा जाते हैं। इस दौर के अन्तिम चित्रों में से एक के हाशिए पर आधी छिपी-सी किशोरी की सूनी, निरवलम्ब आँखें सड़क के किनारे कभी दिखी उन बिल्लियों की याद दिलाती हैं जो दहकती आँखों से हमें देखती हैं और फिर सदा के लिए अँधेरे में खो जाती हैं। क्या यह विदाई का संकेत था? क्योंकि इसके बाद ही अप्रत्यक्ष लेकिन अन्तिम रूप से आकृति उनके चित्रों से विदा हो गई।

यह महत्त्वपूर्ण है कि इस चरण पर जब रामकुमार अमूर्तन के नॉन-फिगरेटिव (आकृतिहीन) संसार में फ़ैसलाकुन/निर्णायक ढंग से क़दम रखते हैं तब वे अपने साहित्यिक दाँव और उसके एक्सप्रेशनिस्टिक तामझाम/लाव-लश्कर को भी अलविदा कह देते हैं। अपने लेखक का नकार किये बिना वे कलाकार के तौर पर अपनी यात्रा कम साज-सामान के साथ शुरू करते हैं। अपने तमाम गीतात्मक उत्ताप और नाटकीय तीव्रता के साथ कविता अब भी मौजूद है, लेकिन अब उसमें एक तरह की आडम्बरहीन प्रखरता है, एक ख़ास क़िस्म की तापसी शुद्धता जिसे उनकी वाराणसी शृंखला में जीवन्त देखा जा सकता है। लेकिन तकनीकी नवाचारों से कहीं बढ़कर यह तथाकथित अमूर्तन का दौर उस अधिक गहरी समस्या के समाधान का प्रयास था जो इस महत्त्वपूर्ण मोड़ पर रामकुमार को व्यथित करती दिख रही थी।

हाल के बरसों में साक्षात्कारों में रामकुमार से जब भी पूछा गया है कि उनके चित्रों से मानवाकृति क्यों छूटी, उनके उत्तर अलग-अलग

और कभी-कभी विरोधाभासी भी रहे हैं। ऐसा नहीं है कि राम अपने चित्रों के बारे में अपनी ही तरह से मुखर नहीं हो सकते, लेकिन इस महत्त्वपूर्ण प्रश्न का उत्तर शब्दों में व्यक्त नहीं किया जा सकता, ज़्यादा-से-ज़्यादा इसे बहुत बेहद सामान्य शब्दों में स्पष्ट किया जा सकता था, या सिर्फ़ उनके चित्रों के माध्यम से 'बयान' किया जा सकता था। मुझे लगता है, इसका सम्बन्ध अमूर्तन के लिए 'अमूर्तन' के प्रति किसी आकस्मिक आकर्षण से नहीं बल्कि ख़ुद मानवाकृति से एक बहुत वास्तविक असहजता से था।

मानवीय भावना से वियुक्त मानवाकृति एक तरह की असामान्यता ही है। यह आत्म का नकार है। रामकुमार यदि इस 'नकार' को किसी अस्तित्वात्मक मायने में परिभाषित करते तो उन्होंने एकदम अलग ही राह पकड़ी होती। रामकुमार का मन्तव्य ख़ासा आकारहीन और अस्पष्ट था। 'आत्म' के अस्तित्व का स्पष्ट नकार न करते हुए भी उन्होंने उसे मानव शरीर के नृतत्त्वीय पैमाने तक सीमित करने से इनकार किया। उसे उसकी मानवीय सीमा से मुक्त करके एक कलाकार के रूप में उन्होंने एक ऐसी स्वतंत्रता प्राप्त कर ली, जैसी उन्हें पहले कभी प्राप्त नहीं थी—अनाथ होने, अकेलेपन की खिन्नता, विरक्ति को सार्वभौम बनाने की स्वतंत्रता। लेकिन साथ ही रामकुमार इसे अनावश्यक विस्तार भी देना नहीं चाहते थे। उनके अन्दर के लेखक ने इस बात का ध्यान रखा कि यह खिन्नता, विरक्ति की यह अनुभूति अगर मानवदेह में नहीं तो कहीं तो ठाँव पाए, किसी वस्तुनिष्ठ बिम्ब में अवस्थित हो सके। रामकुमार ने यह ठाँव शहर के लैंडस्केप में ढूँढ़ निकाला। इस सन्धान के बहुत दूरगामी परिणाम उनके विकास पर दिखनेवाले थे। अब उनके लैंडस्केप 'अमूर्त' बस इस मायने में थे कि वे मानवाकृति की अनुपस्थिति को इंगित करते थे, लेकिन वे इतने ठोस और 'स्पर्श्य' तो थे कि 'शहर' उनका केन्द्रीय मोटिफ़ हो सके।

और यह मात्र संयोग नहीं था कि इस मोटिफ़ का सहसम्बन्ध 'शाश्वत नगरी' वाराणसी से जुड़ा। रामकुमार के शहरी लैंडस्केप धूसर और भूरे रंगों की वक्र दरारों से बाहर आने लगे और उनमें सफ़ेद रंग की झलकें दिखने लगीं। क्या यह वाराणसी में उपस्थित उस 'पवित्र' की झलकी थी जिसके द्वारा राम अपने पहले के चित्रों के शापित संसार का उद्धार करना चाहते थे? नंगी और विलग-सी डिबियानुमा इमारतों तक में एक विलक्षण भंगुरता दिखती थी, नदी पर टिमटिमाते प्रतिबिम्बों जैसा थरथराता-सा कुछ। लेकिन अपनी अछूती पवित्रता में वे भयानक रूप से शून्य, जीवनहीन लगते थे। आकाश की ओर उठते मकान किसी रंगशाला की सीढ़ियों जैसे लगते हैं लेकिन दर्शकों की जगह हम परछाइयों की दरारों में, नदी पर छाई धुंध के ऊपर खिड़कियों की फटी आँखें ही देख पाते हैं। यह क्या कुछ विचित्र नहीं है कि अपने चित्रों से मानवाकृति को बहिष्कृत करने के बाद रामकुमार ने लोगों, तीर्थयात्रियों और पंडों, साधुओं-संन्यासियों-जोगियों से भरी वाराणसी को ही विषय बनाया? वे सब कहाँ हैं? रामकुमार की काशी श्मशान जैसी क्यों दिखती है? चित्रों में चिता के बुझने पर बची राख-जैसे धूसर सफ़ेद छींटे क्यों बिखरे हैं?

उत्तर राम के काशी के चुनाव में ही निहित है। काशी कोई ऐसा-वैसा नगर नहीं है, शिव की नगरी है। मुक्ति और मृत्यु की नगरी। काशी में मृत्यु होना मुक्ति का 'कारण' नहीं है, जैसे कि डायना इंगित करती हैं, यह मुक्ति का एक सुयोग है। अगर रामकुमार की खोज उन्हें काशी तक लाई तो इसका कारण यही है कि यहाँ उन्हें मृत्यु की संस्थिति मिली, मानवाकृति की मृत्यु की, और मुक्ति का सुयोग भी। हमारे ग्रंथ कहते हैं कि ज्ञान से ही मुक्ति सम्भव है। अज्ञान का आवरण उठने पर ही 'वास्तविकता की प्रकृति' उद्‌घाटित होती है। कलाकार के लिए, जैसा कि रामकुमार के साथ हुआ, वास्तविक कभी-कभी एक

नकारात्मक ढंग से अवास्तविक के उद्घाटन के माध्यम से उद्घाटित होता है। और वास्तविकता को उसके अमूर्त और 'निरूपणकारी' रूपों में बाँटने से अधिक अवास्तविक क्या हो सकता है? इससे भी अधिक भ्रामक है 'मानवीय' को निरूपणकारी और मानवेतर को अमूर्तन से जोड़ने का प्रयास। 'वास्तविक' की बहुआयामी प्रकृति का बोध अनेक स्वरूपोंवाले शिव की नगरी के सिवाय और कहाँ हो सकता है? उसे वास्तविकता/यथार्थ के एक अंश तक कोटिच्युत करने की परिणति दिव्य के अवमूल्यन के साथ-साथ मानवीय के सन्दूषण में भी होती है। आज अगर अधिकांश आधुनिक अमूर्त कला इतनी निष्प्राण दिखाई देती है तो इसका कारण यह है कि 'यथार्थ/वास्तविकता' को उसके मानवीय सन्दर्भ से विमुक्त करने के प्रयास में उसने उसे उस दिव्य से विच्छिन्न कर दिया जिसे केंडिस्की 'कला में आध्यात्मिक' कहनेवाले थे। निर्गुण और निराकार में 'परा' की उपस्थिति ही उन्हें आध्यात्मिक रूप से इतना प्रबल बनाती है, यह अमूर्तन के प्रति पश्चिमी दृष्टिकोण से बहुत भिन्न है। इसने 'अदृष्ट' में वह गहरी पैठ सम्भव बनाई जो परम्परागत देवचित्रण के तथाकथित अमूर्त मोटिफ़ों तक को गहन रूप से दैवी अर्थ से प्रभासित बनाता है।

मैंने यह संक्षिप्त विषयान्तर इसलिए किया ताकि हम उत्तर-वाराणसी दौर के रामकुमार के 'अमूर्तनों' को एक नये परिज्ञान के प्रकाश में देख सकें। यह और भी आवश्यक इसलिए हो उठता है कि हमारे मानस में वाराणसी की छवि पवित्र, आध्यात्मिक और दिव्य के बिम्बों से गुँथी है। लेकिन वाराणसी के उनके चित्रों में यह तत्त्व दिखाई नहीं देते, जैसे झोंपड़पट्टियों और सूने घरों की स्मृतियाँ अब भी उन्हें जकड़े हों। वाराणसी चिरन्तन होते हुए भी अन्ततः नगर ही है, इतिहास और संस्कृति का एक उत्पाद जिसे समय ने उजाड़ा और पुनर्जीवित किया है। रामकुमार ने मानवाकृति को तज दिया लेकिन संस्कृति के इन

अवशेषों को पकड़े रहे जिन्हें खँडहर होने पर भी उन्होंने ऐसी गीतात्मक उत्कटता से चित्रित किया। लेकिन शुद्धता की क़ीमत पर 'गीतात्मकता' निरर्थक है। अन्तिम मुक्ति के लिए इस प्रलोभन से बचे रहना ज़रूरी है। किसी निष्ठावान संन्यासी की तरह रामकुमार ने आत्मशुद्धि के अन्तिम अनुष्ठान के द्वारा मानवदेह के बाद पृथ्वी पर उसके पर्यावास नगर का भी परित्याग करके अभी तक मनुष्य के अतिक्रमण और प्रदूषण से अछूती प्रकृति में शरण ली।

रामकुमार के जीवन के इस बाद के चरण में प्रकृति उनके अतीत से मुक्ति और उसमें वापसी की तरह आई। शिमला में जन्मे रामकुमार का बचपन पहाड़ों में बीता, बाद के दिनों में वे कई बार वहाँ लौटे लेकिन उनके उस दौर के चित्रों में पहाड़ सिरे से अनुपस्थित हैं। हाँ, उनकी कहानियों में वे पृष्ठभूमि के रूप में और कथात्मक लैंडस्केप के अभिन्न अंग के रूप में पूरी दृढ़ता से उपस्थित हैं। वे हमेशा के लिए छूट चुके 'अतीत' के लिए एक गृहमोही कामना हैं। वे शान्ति और आन्तरिक सुरक्षा के प्रतीक भी थे, जैसे कि वहाँ लौटकर अपने बचपन के खँडहरों में से एक स्फूर्ति खोज निकाली जा सकती हो। पहाड़ लौटना अपने घर लौटना था। एक अलग घर में लौटना—उस घर में नहीं, जो छोड़कर गए थे। इस बीच उसका रूपान्तरण हुआ था। जैसे अपने आकृतिमूलक चित्रों में मानवाकृति को छोड़कर रामकुमार ने विरक्ति की स्थिति को विस्तार देना चाहा था, उसी तरह अब पहाड़ों के बिम्ब का 'अमूर्तन' करके उन्होंने उन्हें अपने बचपन की स्थिर स्मृति से विमुक्त करके प्रकृति के अंग के रूप में उन्हें 'चिरंतित' किया। रामकुमार के अमूर्तनों में अगर आज भी हमें उद्वेलित करने की आश्चर्यजनक क्षमता है तो इसीलिए क्योंकि उनका आधार नकार या अस्वीकृति नहीं है; वे अतीत के सभी दाग़ों और चोटों को ख़ुद में समोए हैं, वेदना और निर्जनता भी हैं, लेकिन अब वे अतिक्रमित हो चुकी हैं, एक अलग तल पर उन्हें

एक अलग प्रकाश में देखा जा रहा है जहाँ सफ़ेद और धूसर रंगों में एक क़िस्म की प्रदीप्ति है जो उनके पहले के चित्रों में कभी नहीं दिखी। और कभी-कभी कोहरे में लिपटे पुराने, धूसर स्मारकों की दीवारों पर कौंध जानेवाले नीले रंगों की अप्रत्याशित, स्तब्धकारी छटा दिखती है। उनके चित्रों में सबसे अधिक प्रभावित करती है गतिशीलता, जैसे कि किसी अज्ञात देवता के स्पर्श से अब तक जो ठहरा और जमा हुआ था, वह बन्धनमुक्त होकर अपने ही वेग से प्रवहमान हो उठा है।

इसलिए रामकुमार के उत्तर-वाराणसी लैंडस्केपों में अगर कुछ 'आध्यात्मिक' है तो वह किसी गूढ़ संहिता या पराप्राकृतिक आस्था की स्वीकृति में नहीं, स्वयं स्वीकार की भावना में ही निहित है। स्वीकार मनुष्य के रूप में उनके स्वभाव का और कलाकार के रूप में उनकी चेतना का अभिन्न अंग रहा है। शुरू में वाराणसी, बाद (1980) में माचू पिचू के प्राचीन भग्नावशेषों और लद्दाख के दिगम्बर पहाड़ों और बौद्ध विहारों की यात्राओं ने उसे और गहरा और समृद्ध बनाया। लेकिन अन्तरतम की लौ की थरथराहट की झलक दिखाता स्वीकार का तत्त्व सदा ही उपस्थित। इस स्वीकार में असम्पृक्ति की एक भावना का भी समावेश था। और यह अचानक प्राप्त नहीं हो गई, जीवन के एक चरण से दूसरे में जाते अनायास ही घनीभूत होती चली गई। जैसा कि हमने देखा, यह परित्यागों की एक शृंखला के माध्यम से आई— आन्तरिक तत्त्व की प्राप्ति के लिए चित्रों में जो मात्र संयोग था, उसका परित्याग, प्रतीत होते सत्य को छोड़कर निरन्तर वास्तविक सत्य की ओर गमन।

इस पूरे उद्यम में साहसिकता इस बात में दिखती है कि रामकुमार कभी भी उस समय उन्हें जो सच लग रहा था, उसकी खोज को 'निरूपित' करने के लिए बने-बनाए प्रतीकों के इस्तेमाल के लालच में नहीं पड़े। पेरिस में बिताए दिनों का यूरोपियन यूफोरिया उन्हें मनुष्यों के

एकाकीपन की 'तलहटी' को देख लेने से नहीं रोक पाया। इसके साथ ही झूठी सामूहिकता के थोथे को उड़ाकर उन्होंने 'वृहद्, भव्य सारगर्भित सम्पूर्ण' के परिज्ञान के सार को गह लिया जिसने एक लम्बे अन्तराल के बाद उनके प्रकृति-लैंडस्केपों को प्रभासित किया। अपने चित्रों के इस 'अनुभवातीत' दौर में भी वे स्पष्ट रूप से धार्मिक प्रतीकों के प्रयोग से बचे। रामकुमार के चित्रों में 'आध्यात्मिक' 'पवित्र' के चित्रण में नहीं, मनुष्य के रचे, लौकिक जगत् के द्वैतों और विस्थापनों पर विजय पाने में है। इस विजय पाने में ही रामकुमार द्वैतों और विस्थापनों 'से आगे और (अपने) अन्दर' देख पाते हैं। एक समय पर जिसने रामकुमार को संसार को उसके पूरे विराग के साथ स्वीकार करने का साहस दिया था, उसी ने अब उन्हें संसार को मुक्ति के एकमात्र स्रोत/उत्स के रूप में स्वीकार करने की विनम्रता भी दी। उनके हाल के लैंडस्केपों की अनुभवातीत गीतात्मकता के बावजूद रामकुमार कभी अपार्थिव या पारलौकिक के प्रति आकर्षित नहीं हुए, उनके पैर मज़बूती से ज़मीन पर, संसार के स्पर्श्य यथार्थ में जमे रहे। उनके 'अमूर्तन' 'अज्ञात' में उड़ान नहीं है, वे प्रकाश के एक सचल पुंज की तरह चित्र के पूरे स्पेस में, यथार्थ के एक खंड से दूसरे खंड होते, आकाश-चट्टान-नदी के प्रच्छन्न सम्बन्धों को अनावृत करते घूमते हैं। पवित्र की अवस्थिति चित्रित वस्तुओं में नहीं, संधानित सम्बन्धों में है।

और यूँ यहाँ प्रदर्शित पहले चित्र (1949) से अन्तिम चित्र (1993) तक पहुँचते हुए हमें लगता है कि हम तीर्थयात्रा के समापन तक पहुँच रहे हैं। रामकुमार की यात्रा समाप्त नहीं हुई, हमने अपनी दृष्टि पा ली है।

बाहर निकलते हुए, जब दृष्टि कुछ धुँधला चुकी होती है, हम सोचने लगते हैं—यह सब कहाँ ले जाता है? एक कलाकार के जीवन के यह युग और दौर, आगमन और प्रस्थान, यह दृष्टियाँ और पुनर्दृष्टियाँ—

आख़िर इन सबका क्या अर्थ है? और फिर रात के अँधेरे में सुकरात के पूर्ववर्ती ज्ञानी हेराक्लाइट्स के शब्द स्मृति में कौंध जाते हैं, "आत्मा का अर्थ इतना गहरा है कि तमाम राहों से घूमते हुए भी इसकी सीमा की थाह नहीं लग सकती।"

[अनुवाद : मधु बी. जोशी]

रूपक के जादुई रंग : स्वामीनाथन्

याद नहीं पड़ता कि मैं स्वामी को ठीक-ठीक कब से जानता हूँ। लगता है कि मैं सदा से उन्हें जानता रहा हूँ। हमारी मैत्री उस क़िस्म की नहीं थी जो जीवन के बाद के दौर में होती है और घटनाओं से ही याद रखी जाती है। हमारी दोस्ती में प्रतिबद्धता का तत्त्व था जो आज दुर्लभ हुआ जा रहा है। यह गहन और सर्वव्यापी थी—गहन रूप से भावुक, बौद्धिक और इसमें हमारे व्यक्तित्वों के सभी आयामों का दख़ल था।

स्वामी पीपुल्स पब्लिसिंग हाउस के सम्पादकीय विभाग में काम करते थे और उनकी सिफ़ारिश पर मेरा पहला कहानी-संग्रह एक ऐसे प्रकाशन गृह ने स्वीकार कर लिया जो इससे पहले साहित्यिक कृतियों को स्वीकार नहीं करता था।

मुझे लगता है कि स्वामी का सबसे बड़ा अवदान था अतीत या वर्तमान की बंगाल स्कूल जैसी तथाकथित शैलियों के प्रति दास्यभाव रखे बिना कला में भारतीय आत्मा की एक समकालीन छवि ढूँढ़ पाना।

वे पहाड़ी मिनिएचरों से प्रेरणा पाते रहे लेकिन बिना उनके मोटिफ़ों की नक़ल किये। वे मिनिएचरों के रंग, उनकी महक, उड़ान और ऐन्द्रिकता को उठाते लेकिन उन्हें अपनी निजी दृष्टि और शब्दावली में ढालकर। इसी तरह उन्होंने तांत्रिक चित्रण से प्रकृति, वृक्षों और प्राणियों के रहस्यात्मक सम्बन्ध और इन सम्बन्धों में अन्तर्निहित जादू को तो लिया लेकिन उनकी रूढ़छवियों को कभी नहीं छुआ। अपने चित्रों के माध्यम से उन्होंने भारतीय चित्रकला की आत्मा के दाय के प्रति अप्रत्यक्ष रूप से कृतज्ञता व्यक्त की लेकिन भारतीय देवचित्रण के जाने-पहचाने मोटिफ़ों की नक़ल कभी नहीं की। मेरे तईं स्वामी के चित्र 'जादुई काव्यात्मकता' से सराबोर हैं।

चित्र बनाना, लिखना या बोलना, वे जिसमें भी जुटे हों, कविता से कभी दूर नहीं होते थे। वे आइंस्टाइन के परम भक्त थे और अक्सर मुझे बताते, "निर्मल, आइंस्टाइन कहते थे कि कोई वैज्ञानिक सूत्र अगर सौन्दर्यात्मक रूप से सुन्दर न हो तो वह कभी सही नहीं हो सकता। इसलिए किसी निरे गणितीय सूत्र को भी सुन्दर और तारतम्यपूर्ण होना ही चाहिए।" अपने चित्रों और अपने हर काम में वे सुन्दरता और तारतम्य के इसी संयोग को साधने का प्रयास करते थे। अपने जीवन के हर पक्ष में वे सारतः कवि ही थे।

[अनुवाद : मधु बी. जोशी]